D0555121

CONÉCTATE

Contigo mismo
Con los demás
Con el universo

Gaby Vargas

CONÉCTATE

Contigo mismo
Con los demás
Con el universo

AGUILAR

De esta edición:
D. R. © Santillana Ediciones Generales, S.A. de C.V., 2011.
Av. Río Mixcoac 274, Col. Acacias.
México, 03240, D.F., Teléfono (55 52) 54 20 75 30
www.editorialaguilar.com

Primera edición: octubre de 2011
Primera reimpresión: octubre de 2011
ISBN: 978-607-11-1284-2

© Fotografía de la autora: Adolfo Pérez Buitrón
Diseño de interiores: Fernando Ruiz

Impreso en México

Para Paola, Carla y Pablo,
quienes me conectan con lo realmente
importante en la vida.

ÍNDICE

Segunda parte
Conéctate con los demás

Tercera parte
Conéctate con el Universo

Agradecimientos

Escribir un libro te conecta con tu vida y al mismo tiempo te aleja por un tiempo de ella. Es por eso que quiero agradecer profundamente a mi esposo Pablo por su incondicional apoyo.

Gracias también a todos los maestros que me han enseñado tanto y cuyos nombres aparecen con frecuencia en este libro.

Gracias a ti y a todos los lectores que me han apoyado desde hace doce libros. Ustedes le dan sentido a mi trabajo.

Gracias al Grupo editorial Santillana, mi casa editorial por hacer posible todo el andamiaje que un libro requiere. En especial a Carlos Ramírez su director, por confiar en el proyecto; a Paty Mazón, a César Ramos y Sara Schulz por su paciente y atinado trabajo editorial; y a Fernando Ruiz, Joel Dehesa Guraieb, Enrique Hernández, Gabriel Miranda y Nadia Calderas por la creación, diseño y promoción de este libro.

Gracias a Benicia Anaya, mi asistente, por facilitarme siempre la tarea.

A todos, de corazón, gracias, gracias, gracias.

Namasté

Este es un saludo que se usa en algunos países de Asia y que tiene un profundo significado:

**"Honro ese lugar en ti donde reside el Universo.
Honro ese lugar de luz, integridad, sabiduría y paz.
Cuando estás en ese lugar en ti, y estoy
en ese lugar en mí, somos uno."**

Desconectado

Sé lo que es estar desconectada. De hecho, gran parte de mi vida lo estuve, y con frecuencia todavía lo estoy. La única y enorme ganancia que el tiempo me ha dado es que ahora me doy cuenta.

La sensación de estar desconectado es algo que en la pubertad o adolescencia no sabemos poner en palabras, es muy dolorosa. Por eso, en esa etapa le damos escape a través de la rebeldía, del aislamiento, de la sobrerreacción a un estímulo, o de la búsqueda de pertenencia a cualquier banda, grupo social o ideológico que nos abra la puerta.

Posteriormente, al crecer, crees que esa sensación de vacío, ese anhelo de algo, que no sabes bien qué es, desaparecerá automáticamente. La sorpresa es que cuando cumplimos 18, 25, 35 o 40 años, el hueco persiste y no logramos superar esa sensación, a pesar de que el mundo de la mercadotecnia y la publicidad nos seduce con promesas atractivas de bienestar, de éxito, estatus y demás —las que compramos sin cuestionarlas.

Durante estas etapas, la mente —o el ego— nos trata de distraer y hacernos creer que nuestra vida "está bien". Pero, cuando llega la crisis de la mitad de la vida, la invitación a evaluarnos, a tomar el pulso de nuestros días, se hace ineludible y aterriza sin haberlo solicitado. Llega pisando fuerte a través de pequeñas pérdidas o de otras más fuertes, como la pérdida de un ser querido, un desamor, una ruptura, una enfermedad; o bien, entra de puntitas a través del amor, el arte y la belleza. El ofrecimiento siempre llega; la decisión de darle o no un espacio al alma es nuestra. Mientras tanto, el ego nos tira de la ropa y nos aconseja hacernos de oídos sordos.

Una vez que somos conscientes de ello y nos decidimos a emprender el camino del autoconocimiento, puede suceder que los primeros descensos al fondo de uno mismo sean incómodos y poco hospitalarios. "No está en nosotros decidir qué aprender, sólo decidir si lo hacemos desde el dolor o desde el amor", como se dice en *Un Curso de Milagros*.* Conectarte con tu verdadero ser duele. Duele porque la ligereza es más cómoda —en apariencia. Sin embargo, lo curioso es que no hay paso atrás. Una vez que pones un pie adentro de ese nuevo espacio, algo te invita a regresar a él, a quedarte y no dejarlo.

Es entonces, y sólo entonces, cuando se evidencia que no estabas tan "bien" como creías; desde este nuevo terreno, todo toma mayor sentido. A partir de la reflexión sobre tu estancia en este mundo, el porqué de tu vida, tus relaciones, tu familia, el trabajo, toman otra perspectiva y otro fondo; es tu mirada la que cambia.

Así es como comienza el largo peregrinaje cuya meta es tu centro, y tu centro es el lugar en el que recuperas el ritmo, te sientes "en casa" más allá de lo que cualquier espacio exterior te pueda ofrecer. Llegar a él requiere de la decisión de seguir adelante a pesar del autosabotaje.

En general, la vía para acceder a tu centro es establecer tus prioridades, sobre todo en el aspecto espiritual; sin em-

* *Un Curso de Milagros* —al que hago referencia a lo largo de este libro— es un programa de autoestudio de psicoterapia espiritual que viene en tres libros. No es una religión, es un entrenamiento psicológico de la mente basado en temas espirituales universales. El objetivo práctico de *Un Curso de Milagros* es lograr una paz interior a través de la práctica del perdón.

bargo, cuesta mucho repriorizar y darnos un espacio cuando vivimos en un mundo acelerado. De ahí la desconexión, pues nos encontramos en un paradigma inconsciente entre hacer y ser. Cuando se trata de hacer, el ego se viste de gala y nos felicita. Sin embargo, cuando se trata de ser, sentimos que dejarnos ir es una pérdida de tiempo. Esto sucede hasta en los días libres. La culpa nos invade con pensamientos del tipo: "Hoy no hice nada útil", y surge la urgencia de llenar los espacios. Así nuestra mentalidad no es cualitativa, sino cuantitativa.

Llega el momento en que, automatizados, repetimos lo que nos toca hacer, hasta que un día nos preguntamos: "¿De todo lo que hice, qué hice con calidad? ¿Me sentí en paz cuando lo hacía?" Y con ello, al paso de los años, se presenta la inexorable reflexión: "¿Qué hice con mi vida? ¿En algún momento me conecté con lo que yo quería o me conecté con la opinión colectiva, sujeta a las modas?"

Es en ese momento cuando te cae el veinte, como piedra en la cabeza, de que para sentirte pleno sólo tienes que conectarte con el Ser.

Introducción

La vida está hecha de momentos que se alinean uno tras otro para formar nuestra historia. Algunos pasan desapercibidos, otros, a pesar de ser insignificantes, permanecen para siempre, como el que a continuación te narro.

> Caminas por la calle junto a otros transeúntes que tienen la mirada ausente como tú, cada quien se encuentra en su propio mundo de quehaceres y pendientes. Sin embargo, por un instante, la mirada de otro se encuentra con la tuya y, de manera misteriosa, algo de ella te penetra y te toca; inmediatamente sabes que la otra persona experimentó lo mismo. Ese instante se convierte en una eternidad. Después cada quien sigue su rumbo, pero en el cuerpo y en el alma permanece esa sensación que nutre el hecho de haberse conectado. ¿Lo has vivido?

Sabemos que el mundo de hoy nos soborna y seduce de manera constante, todos experimentamos lo cautivador y persistente que son sus herramientas para mantener cada célula de nuestro cuerpo enganchada a un mundo exterior. Nuestra mente concentrada a medias salta de asunto en asunto, de pantalla en pantalla y de cita en cita. El celular interrumpe momentos sagrados, importantes con tu pareja, tus hijos o amigos. Constantemente nos invaden pensamientos como: "Estoy aquí pero quiero estar allá." Así, presos de la velocidad inalcanzable y desconectados de nosotros mismos, hacemos dos o más actividades al mismo tiempo y sentimos el impulso continuo de actuar sin freno.

Nos alimentamos de *fast food* y *de small talk*: mucho bla bla bla y poca conversación; nos mal nutrimos con relaciones poco profundas y desechables después de todo, pues a un "amigo" en Facebook o en Twitter —a quien por la mañana saludamos antes que a quien tenemos al lado— también es muy fácil "desaparecerlo" con un *unfollow* cuando ya no queremos saber nada más de él. Pero, ¿esto nos da el sentido de una verdadera conexión? Ciertamente, no.

Lo peor es que ni cuenta nos damos, sólo transitamos una especie de planeta zombi que nos acelera, nos genera desasosiego, ansiedad y evidente estrés. Mientras tanto, seguramente, si nuestro Ser interior pudiera hablar, nos diría: "Si en realidad quieres encontrar esa paz, esa serenidad y esa felicidad que equivocadamente buscas en el exterior, la solución es muy sencilla y sólo requiere disposición y tiempo: *conéctate*. Conéctate con cualquiera de los tres planos: contigo mismo, con los demás o con el Universo."

Pocas cosas agravan más cualquier tipo de mal que la soledad, el aislamiento físico, emocional o espiritual. De hecho, la necesidad de sentirnos valorados y amados es tal, que cuando nos sentimos "desconectados" es muy doloroso. Las consecuencias son el miedo, la inseguridad, el sabotaje y la depresión. Es así que viene la enfermedad, el impulso de herir al otro, la anestesia de las emociones, las adicciones, etcétera. Si no es así, ¿por qué crece el consumo de antidepresivos, tranquilizantes y terapias?

El ser de hoy tiene más conocimientos, oportunidades y experiencias que en cualquier época de la historia. ¿Podríamos decir que somos más armónicos o felices? No. ¿Por qué no es así?

Para darnos cuenta de hasta dónde nos puede conducir esa forma de vida desconectada, basta con ver las siguientes estadísticas:

- En el mundo, tres mil personas a diario se suicidan y 20 lo intentan. [Fuente: OMS.]
- En el mundo, 121 millones de personas sufren depresión. [Fuente: OMS.]
- Entre 2007 y 2010, los niveles de violencia en 120 países se incrementaron 62 por ciento. [Fuente: ONU.]
- En México, una de cada tres parejas se divorcia. [Fuente: INEGI.]
- Las adicciones, en general, y las horas de trabajo van en aumento debido a la necesidad de sustancias y estímulos para mejorar el rendimiento, reforzar la autoestima con materiales pasajeros reconfortantes y por la gran importancia que se da a la apariencia.

Las estadísticas pueden parecer ajenas cuando se refieren a "otros mundos", a "otras personas", pero la perspectiva cambia por completo cuando tocan nuestro mundo, nuestro pequeño entorno familiar o cuando nos rozan la piel. Los retos que enfrentamos hoy no requieren de más tecnología ni de más bienes materiales, requieren de mayor conciencia.

El anhelo más profundo del ser humano es sentirse valorado

Cuando te conectas de corazón con la persona que tienes junto a ti, se crea una energía que surge de sentirte visto, escuchado o valorado al dar y recibir sin juicios. Hombres y mujeres, adultos y niños lo necesitamos por igual. Esa necesidad básica de sentirnos aceptados, de pertenecer y de sabernos valiosos, aunque sea por un instante, es un alimento para la vida, es nuestra naturaleza.

Desde que el bebé nace busca esa conexión física, emocional, espiritual e intelectual con el otro. Esa búsqueda instintiva durará para siempre, como demuestra la neurociencia. El bienestar que produce la conexión, por breve que sea, es lo que nos inspira a desear conectarnos de nuevo.

Es por eso que conectarte contigo mismo, con el otro o con un poder superior es lo único que en verdad nutre, fortalece, logra hacernos sentir bien, en armonía, con sentido, sin importar lo que suceda.

Además, al conectarte te darás cuenta de algo que para mí fue muy valioso descubrir y que me motivó a escribir este libro: cuando te conectas no hay problema que no tenga alivio o solución; descubres una mayor conexión con tu propia esencia, con ese amor que da sabiduría, serenidad, alegría y sentido a tu vida.

Al meditar al respecto, encontré que hay tres planos fundamentales con los que podemos conectarnos. Cada uno de ellos incide en nuestra vida de manera importante, por lo que identificarlos puede ser de mucha ayuda.

Los tres planos

Conéctate contigo mismo

La naturaleza de esta conexión es muy íntima; no depende de los demás o de cómo te hagan sentir, sino que proyecta en cómo te relacionas con las personas. Por lo tanto, antes de conectarte con el otro es importante conectarte contigo mismo. Es más, pretender una cosa sin la otra es imposible. Conectarte contigo consiste en hacerlo con la belleza de tu imperfección, con tus prioridades, con tu derecho a ser feliz, con lo que sientes, con tus miedos, con lo que te hace sentir bien, con lo que te apasiona y con tus propias carencias. Amarte a ti mismo significa aprender a confiar en ti, a tratarte con respeto, a ser bondadoso y cariñoso contigo mismo; también es callar esa vocecita que te dice al oído: "No eres lo suficiente...", y no permitir que te hable mal.

Una vez que tienes un mapeo honesto de lo anterior y que has intentado a conciencia aceptarte como la persona valiosa y perfecta que ya eres en tu interior, es que puedes ofrecer tu ser más auténtico y dar el segundo paso: conectarte con los demás.

Conéctate con los demás

Te invito, querido lector, a cerrar los ojos, visualizar a otra persona e imaginar que de tu corazón sale un rayo de luz. Te darás cuenta de que de la persona que está frente a ti también emerge una luz igual a la tuya, y que al encontrarse se funden para unirlos. Esa luz es el verdadero "yo", el Ser, la esencia. En ese nivel no hay diferencias, todos somos uno, como los rayos del sol.

Cuando somos capaces de ver esa luz en nosotros y en el otro, y nos conectamos, la relación es más honesta y profunda.

La importancia vital de esta conexión se encuentra en que somos tan felices como sean nuestras relaciones, ellas perfilan nuestra vida.

Si al conectarte contigo la energía fluye y te hace sentir valorado, al conectarte con otro ese fluir viaja en ambas direcciones. La conexión es especialmente importante con quienes tienes cerca de ti, con quienes amas: tu pareja, tus hijos, tus amigos y tu familia. Entre más fuerte estemos conectados emocionalmente con el otro, mayor será la fortaleza mutua.

Conéctate con el Universo

Me costó trabajo decidir la palabra que describiera esa fuerza superior cuya existencia cualquiera de nosotros ha constatado alguna vez. Vinieron a mi mente términos como "Dios", "La Divinidad", "La Fuente, "Lo Espiritual, "El Universo", "El Ser, "Lo Trascendente", "El Todo"... Al mismo tiempo, pensé que la manera de nombrar dicha fuerza no tendría que implicar una religión específica, tendría que ser incluyente, sin una carga semántica o la de mi propia interpretación. Elijo el término el Universo, porque te ubica con un todo.

En mi búsqueda por conocerme mejor, por tener una mayor espiritualidad y sentido en mi vida, encontré caminos que me han ayudado a acercarme un poco más a esta profunda conexión a través de la meditación, la risa, la oración, el silencio, la naturaleza, el agradecimiento, la música, el arte, el dolor y el amor. Todo ello me enseñó que al conectarte en verdad recuperas o amplificas el gozo y el encanto de la vida. Asimismo, te das cuenta de que esos tres planos se convierten en uno solo. Todo está relacionado. Las divisiones antes existentes poco a poco se desvanecen y se conectan también entre sí. Todo se funde en una sola luz.

Deseo de todo corazón, querido lector, querida lectora, acercarte con este libro algunas herramientas que te ayuden a conectarte más, a crecer como persona, a estar más presente en tu vida y en la vida de los demás, para que obtengas un mayor bienestar y le des un sentido más profundo a tu vida.

Sólo recuerda:

Conéctate, conéctate, conéctate...
Conectarte es lo único que te lleva de regreso a casa.
Esa casa donde habita la paz, la serenidad y el gozo.

Gaby Vargas

Primera parte

Conéctate contigo mismo

1

Conéctate con la belleza de tu imperfección

La filosofía Wabi-Sabi

Tú y yo tenemos una cosa en común: no somos perfectos. Y ¿sabes qué? Así tiene que ser. Somos un reflejo de lo perfectamente imperfecta que es la vida. Y una vez que hacemos las paces con este concepto, con nosotros mismos, podemos vivir el gozo de todas las cosas imperfectas: la pareja, los amigos, el amor, el trabajo, en ocasiones la salud, en fin, la vida misma.

¿Alguna vez has tenido la sensación de serenidad o melancolía que te da, por ejemplo, contemplar la caída de las hojas en otoño, mientras las aves cruzan el cielo en el atardecer; te has percatado del valor del instante que se va? ¿O quizá has tenido ese sentimiento simultáneo de gusto y nostalgia al ver crecer a tus hijos? O bien, ¿has experimentado esa especie de alegría melancólica que producen los instantes en que contemplas maravillado el desorden ordenado y fugaz de las nubes, el perfecto caos de una selva, la pátina que el tiempo le da a un mueble viejo, las ramas sin follaje de un árbol en invierno que lo hacen especialmente hermoso?

Los japoneses llamarían a todo lo anterior Wabi-Sabi. "Nada es perfecto, nada es permanente y nada está completo", es el axioma de esta antigua corriente estética japonesa que nos invita a ver las cosas de manera diferente. Su filosofía se basa en comprender que la belleza está en la aparente imperfección. En esa emoción que implica la aceptación del inevitable ciclo de la vida, lo auténtico, natural y genuino. Si los seres humanos pudiéramos aplicar esta sabiduría a nosotros mismos, seríamos simplemente más felices.

Expresar lo que es difícil de expresar

El aroma delicioso de las diversas infusiones inundaba la pequeña tienda que descubrimos al caminar por una callecita de la antigua ciudad de Kyoto. Las dependientas, de guantes blancos y vestidas a la antigua usanza japonesa, nos daban a oler cada una de las distintas variedades y calidades de té. Llamaba la atención el cuidado con el que manipulaban los contenedores, como si se tratara de joyas.

¿Por qué tanto cuidado? Esto se debe a la importancia que la ceremonia del té tiene en algunos países orientales. Para entender este significado profundo, recurro a Sen Sotan (1578-1658), un maestro zen que dijo: "El sentido de la ceremonia del té es como el sonido del viento que agita los pinos en una pintura." Para los monjes zen este ritual era una forma de meditación, de dar un espacio para la toma de conciencia del momento. Veían en esta antigua tradición una manera de expresar lo que es difícil de decir, una forma de vida en la que cada detalle, postura y pensamiento resultaban un antídoto para el dolor, el desequilibrio y el duelo de la vida.

La ceremonia del té es una especie de medicina espiritual que los occidentales deberíamos incorporar a nuestras vidas. "A media mañana cuando me siento cansada —nos dijo la guía de tez muy blanca y ojos rasgados que nos acompañaba—, hago una pausa para preparar mi Matcha (un polvo fino hecho de la hoja de té verde). La preparo con toda calma y disfruto enormemente cada pequeño sorbo, es mi momento, un espacio sólo para mí. Lo elaboro en mi recipiente estilo Wabi-Sabi que tengo desde hace mucho tiempo, herencia de mi madre."

¿Wabi queeé?

"¿Qué es eso?", le pregunté a la guía. El sonido agradable y onomatopéyico de las palabras Wabi-Sabi, tipo *tic-tac*, *pin-pong*, *din-dong*, me hizo creer en un primer momento que su significado se refería a un baile, a un ritmo de música o a algún tipo de *sushi* sofisticado. Nada más alejado de la realidad. Conocer este maravilloso concepto me dejó maravillada y me invitó a investigarlo más a fondo.

Si se pudiera reducir el significado a su esencia, Wabi-Sabi es el arte japonés de encontrar la belleza en la imperfección, en la impermanencia, en lo inacabado; se aplica a cualquier cosa: arte, diseño, literatura, arquitectura, objetos, ideas, conceptos, naturaleza. Cuando cualquier cosa logra recordarnos de manera dulce y melancólica que nada es perfecto, que nada dura y que nada está terminado, merece llamarse Wabi-Sabi; o sea, cualquier ser humano puede llamarse así.

El término "Wabi" se refiere a algo natural, rústico, simple, de elegancia sutil. La palabra "Sabi" se usa en la poesía japonesa para expresar cosas como las que en un principio te describí.

Me encantó saber que, en la tradición zen, los objetos llamados Wabi-Sabi son creados con todo cuidado para ser intencionalmente imperfectos o incompletos, e impermanentes; y por lo mismo son considerados los más bellos y elegantes. Como occidentales nos cuesta trabajo comprender que un artesano le de un pequeño golpe a la pieza para quitarle la simetría al crear una vasija de barro. Pero eso es precisamente lo que le da el valor, la belleza y su alto costo.

Además, encontré que en el arte islámico también se les recomienda a los artesanos cometer errores intencionales en sus creaciones en cerámica, en mosaicos y hasta en sus tapetes más lujosos con el fin de recordar a los observadores que sólo Dios es perfecto.

En literatura, el famoso escritor irlandés, James Joyce, también cometía errores a propósito. Para él las faltas eran "portales de descubrimiento"; las suyas se aprecian particularmente en el *Ulises* donde hay errores tipográficos y alteraciones en la ortografía, así como una ausencia de puntuación en numerosos párrafos, lo que le agrega una divertida inteligencia a su prosa.

De la misma manera, en la música, aquellas notas que se desvían de un patrón establecido se usan con frecuencia para crear una tensión emocional. Beethoven da una muestra de ello en la Tercera sinfonía, *La marcha fúnebre*, donde rompe los moldes de la sinfonía clásica y crea disonancias o sustituye sonidos por silencios para expresar una tristeza en aumento. ¿No te parece precioso?

"Los errores son los portales del descubrimiento."

James Joyce

La vida: perfectamente imperfecta

Los japoneses seguidores de esta corriente estética dirían que todo lo descrito arriba es el ejemplo perfecto de la filosofía Wabi-Sabi, gracias a la cual uno se atreve a abrazar la imperfección, a ser diferente, a aceptar que en la asimetría, la disonancia o en la irregularidad de un texto o un rostro existe belleza.

Lo que más me atrae de esta filosofía es que reverencia lo simple, lo real, lo auténtico; sin pretensiones de ser algo más y, precisamente por ello, le da un carácter atractivo, bello e interesante.

Además, todas las cosas positivas en la vida siempre tendrán el contraste de lo negativo. De hecho, es así como las apreciamos y valoramos. ¿Cómo apreciar un cielo azul si no hemos tenido días grises y de lluvia?

Comprender el concepto Wabi-Sabi puede cambiar nuestra percepción del mundo al permitirnos encontrar la belleza en las arrugas del rostro, en las grietas de la madera, en las manchas de la piel que aparecen por la edad o en la imperfección de nuestra personalidad. Podríamos decir que eres una persona Wabi-Sabi cuando aceptas la sencillez, tu imperfección y la de la vida misma. Cuando notas y aprecias los instantes de cada día, vives plenamente y te conectas con la naturaleza y con la gente que te rodea de manera consciente y gentil.

¿Te imaginas llegar a ser en verdad una persona Wabi-Sabi? Todo, absolutamente todo, sería más fácil y llevadero, ¿no crees?

El iglú: ¿refugio o tumba?

"He de estar alucinando, parece que las paredes del iglú se estrechan." Esto pensó un explorador que viajó hasta la Antártida para realizar una investigación, y ante la amenaza de una fuerte tormenta se refugió en un iglú donde permaneció unos días. Sin embargo, el pensamiento de que las paredes se acercaban lo invadía cada vez con mayor frecuencia hasta que se dio cuenta de que no alucinaba, en efecto, las paredes del iglú se aproximaban cada vez más a él, pues, como descubrió, la humedad de su propia respiración se adhería al hielo y lo engrosaba. La ironía lo hizo reír: "Si no salgo pronto de aquí, lo que es mi refugio se convertirá en mi tumba."

De la misma manera, los seres humanos solemos refugiarnos en "algo" que en principio nos da seguridad, pero que termina por enterrar nuestra naturaleza: ser felices.

Esto sucede cuando perdemos el contacto con nuestra propia esencia —la que nos hace sabernos y sentirnos amados y valiosos— y dejamos de ver nuestra grandeza. Como resultado, llega un sentimiento que padecemos mucho: el de la no aceptación. Y con la no aceptación surgen muchos temores, por lo que construimos refugios con pensamientos negativos, máscaras, justificaciones, comparaciones, adicciones y demás.

Todo sería más sencillo si en verdad llegáramos a comprender y a diferenciar que estamos hechos de dos partes: de un Ser y de un humano. La primera es la porción de divinidad que todos tenemos dentro y está llena de amor y sabiduría; el Ser no juzga, no etiqueta, no critica y no necesita ser mejorado porque es perfecto. Sentirte pleno es sólo una cuestión de conectarte con él. En cambio, la parte humana —constituida por el ego y las imperfecciones— hace surgir pensamientos negativos y el autosabotaje en cualquiera de sus formas.

Si bien la variedad de protecciones, defensas o máscaras a las que podemos recurrir cuando nos desconectamos de nuestro Ser son muchas, los psicólogos detectan que son cuatro las más comunes.

LAS MÁSCARAS MÁS COMUNES

1. Pienso que todo el mundo está contra mí. Cuando no te aceptas todo se vuelve más difícil de lo que en realidad es. Tu mente trata de convencerte de que todo mundo te mete el pie para que no avances, que todo mundo no te quiere, te critica, conspira en tu contra, no te acepta y demás torturas. Tienes una sensación constante y desgastante de "yo contra el mundo". Sin embargo, lo irónico es que el universo no es adverso, sólo es tu percepción. Tú mismo provocas que las paredes de tu iglú se engrosen como resultado de "no quererte".

Muchos hemos buscado diversos caminos de crecimiento personal que funcionan sólo cuando te aceptas a ti mismo; de otra manera el camino de ese desarrollo simplemente está destinado al fracaso. Es como ponerle betún a un trozo de pan duro y desear que salga un postre delicioso. Como se dice en ***Un Curso de Milagros***: "Aquello que falta en cualquier situación es lo que tú no has dado", y en este caso, es el amor a ti mismo.

2. Me comparo con los demás. Cuando no te aceptas a ti mismo tu ego empieza a compararse con cuanta situación y persona conoces. Sólo tenemos que ser conscientes de que el ego es berrinchudo como un niño de tres años, y te exige que le des todo a pesar de que sus necesidades reales son mucho menores. Por lo tanto, siempre encontrará maneras de señalarte cosas como que ***no*** eres tan guapo, ni tan exitosa, ni tan querido, ni tan talentosa, ni con tanta suerte como fulano o mengana.

Quienes investigan el tema de la felicidad afirman que hay una relación muy estrecha entre la autoaceptación y la felicidad.

Sólo cuando una persona es capaz de verse al espejo y decir: "Me gusta lo que veo", y lo dice desde el fondo de su corazón y en el amplio sentido de la palabra, podrá disfrutar de su trabajo, de su relación de pareja, de sus amigos y de todas las cosas buenas de la vida.

3. Siento que todos me rechazan. Cuando no te aceptas, tu ego se encarga de interpretar como rechazo los gestos de las otras personas, estén o no estén dirigidos a ti: si la persona no habló por teléfono, si no respondió pronto el *mail*, si notaste que estaba seria en un momento dado, si estaba cansada, no te sonrió o lo que sea. En realidad nadie te rechaza, pero lo percibes así por la única razón de que eres tú quien se rechaza. Y no sólo eso, sin darte cuenta también rechazas recibir amor, ser feliz o cualquier cosa buena.

4. Siento que no soy suficiente o "algo" no es suficiente. Tu valía personal se tambalea cada vez que por tu mente pasa cualquiera de estos dos pensamientos: a) "no *soy* suficiente", de inmediato tu ego se encarga de convencerte de que no eres suficientemente ____________________ (puedes llenar el espacio con lo que quieras: delgado, bonita, inteligente, creativo, talentosa, popular, admirada y demás); y b) "no *es* suficiente" —dinero, cariño, descanso, cosas y demás. Date cuenta de que la tarea de estas frases es sólo sabotear tu seguridad, provocar constantes críticas y juicios internos, que, a su vez, suelen cegar tu visión o encontrar salida temporal en algún placer material.

Nadie es tan duro contigo como tú mismo

Cuando piensas que encontraste algo o a alguien que promete ser "suficiente", al poco tiempo estos dos pensamientos atacan como "fantasmas". Sin importar cuán perfecta sea la foto, es probable que encuentres un "pero" a todo; tu mirada se hace experta en detectar el defecto, lo que falta, de lo que careces tanto en las relaciones, como en la casa, el trabajo y, por supuesto, en ti mismo.

Pero, ¿en verdad admiramos la perfección? ¡No!, los estudios muestran que es todo lo contrario. Lo irónico es que, en realidad, las que nos atraen son las personas normales, aterrizadas y vulnerables; nos impresionan aquéllas que tienen el valor y se atreven a ser tal cual, auténticas, porque sabemos que la vida es así: real e imperfecta.

¡Cuánto podemos sufrir con la búsqueda de esa foto *ideal* que se crea sólo en nuestra mente!, fortalecida con las falsas imágenes inalcanzables de la perfección que encontramos en revistas, anuncios, aparadores, películas, programas de televisión; sin mencionar nuestras propias fantasías y exigencias personales, que van desde cuánto debemos pesar, hasta cuántas veces a la semana debemos tener relaciones sexuales.

Muchos vivimos en la agotadora y permanente búsqueda de un tesoro llamado "perfecto". ¿La razón? Creemos que nos protegerá. Pensamos que si te comportas de manera perfecta, luces perfecto, tienes la familia perfecta y vives perfectamente, podrás minimizar el dolor del rechazo, la culpa, la crítica y el propio juicio... pero esto lo único que logra en realidad es estrechar nuestras paredes del refugio.

El explorador, después de darse cuenta de que su protección se convertía en una tumba, sacó de inmediato sus herramientas para hacer un agujero en el iglú y salir. De la misma manera, cuando se trata de encontrar la felicidad, tu herramienta es *conectarte* con tu Ser y abrirte a la posibilidad de que entre más te aceptes, más te darás permiso de ser feliz, estado que no sólo es tu derecho, sino tu naturaleza.

Obsesión por ser y tenerlo todo

"¡Qué más quieres!", me dijo mi hija Paola un día que me notó frustrada porque un proyecto no se concretó. Ya lograste esto, esto y esto, además tienes una familia que tal, tal y tal, y un esposo que así, así y así. En fin, me recitó lo bueno de mi vida, bondades que no veía al estar sentada sobre ellas. Con este comentario me percaté de lo fácil que es dar por un hecho las cosas, pues mi atención sólo se enfocaba en la siguiente montaña a escalar.

¿Por qué alimentamos esa obsesión de tenerlo todo? Hay que tener en mente que el ego es como un niño berrinchudo, te dice que hay que tener mejor trabajo, puesto, coche, casa, cuerpo y poseer el físico de un atleta o la belleza de una actriz. Todo el tiempo creemos necesitar algo extra para entonces sí, ser felices. La cuestión es: ¿cuándo se acaba esa carrera? De seguir ese patrón en nuestra vida, lo único que encontraremos será una constante frustración.

Ojo, ser perfecto no es lo mismo que hacer el mejor esfuerzo. Como vimos, la búsqueda de la perfección no es sana ni ayuda a crecer; es un enorme y pesado escudo que lejos de protegernos nos impide ser libres, despegar y fluir.

Es cierto, todos necesitamos sentir que merecemos ser amados, tener un sentido de pertenencia. Nuestra tarea es encontrar el valor, la compasión, la conexión que se necesita para ir de un "no soy suficiente" a "sí lo soy"; o de "esto no es suficiente" a "sí lo es". ¿Fácil? No, no lo es. Implica abrazar la realidad, la imperfección, aligerarnos y aceptar nuestras ropas de lodo para darnos cuenta de que querernos así, llenos de carencias e imperfecciones, es como logramos la armonía interior.

El anhelo de tenerlo todo también es epidémico, esta conducta autodestructiva ha sido parte del ser humano durante siglos. Un cuento sufí maravilloso trata sobre dos amigos que se encuentran después de muchos años de no haberse visto y que intentan ponerse al tanto de sus vidas en unos minutos. Uno está casado y el otro soltero. El casado le pregunta al soltero sobre su vida amorosa y el soltero le platica que hace unos meses conoció a la mujer perfecta:

> —Tenía una cara preciosa —le dijo—. Y una figura increíble.
>
> —¿Entonces por qué no te casaste con ella? —le preguntó el amigo.
>
> —Bueno —explicó el soltero—, es que no era muy inteligente. Pero unas semanas después, encontré a otra mujer perfecta. Tan bonita como la primera y además, inteligente —añadió.
>
> —¿Entonces, por qué no te casaste con ella? —volvió a preguntar el amigo.
>
> —Pues la verdad, tenía una voz muy chillona.
>
> El amigo casado se quedó pensando y antes de que pudiera abrir la boca, el amigo soltero continuó:
>
> —Pero, finalmente, justo la semana pasada encontré a la mujer, de verdad, perfecta. Es bonita, inteligente y con una voz suave y relajante.
>
> —¿Entonces, cuándo es la boda? —preguntó curioso el amigo casado.

—No habrá tal —explicó el soltero—. Resulta que ella busca al hombre perfecto.

Así somos. Lo que el cuento ilustra es que si tratamos de tenerlo todo, terminamos con nada.

En algunas personas el sentimiento de que "nada es suficiente", de que falta algo, llámese belleza, posesiones o metas por cumplir, es consciente y en otras inconsciente. Si es consciente, dice Eckhart Tolle en su libro *The Power of Now*, se manifiesta incómoda y constantemente como la sensación de no ser digno de merecer o de no ser suficiente para algo o alguien.

Si es inconsciente, sólo lo sientes de manera indirecta como un deseo caprichoso o una necesidad intensa. En cualquiera de los dos casos generas una urgencia persistente por complacer al ego con el fin de llenar ese vacío. Así que te concentras en obtener posesiones, éxito, sexo, poder, atractivo físico, reconocimiento, estatus o una relación especial, básicamente para sentirte bien contigo mismo y "estar más completo". Pero aun si logras lo anterior, pronto te das cuenta de que el hoyo continúa ahí porque, te tengo una noticia: no tiene fondo.

Bien visto, nuestro infierno está en pensar que la perfección es un asunto de vida o muerte, y en volver esa exigencia atroz hacia uno mismo. Finalmente, los simples mortales tenemos que aceptar que la felicidad viene de procurar antes que nada el amor propio, así como una vida equilibrada en lo emocional, en lo mental y en lo espiritual.

TÚ CREAS TU PROPIA REALIDAD

"Cuando manejes tienes que tener en cuenta que uno de los riesgos de chocar radica en que tienes un punto ciego donde las cosas salen de tu campo de visión." Esto me dijeron en mi primera clase de manejo y sólo lo comprendí cuando, por esa razón, tuve un percance con otro auto.

Asimismo, las personas tenemos características que otros detectan y que para nosotros son un punto ciego. Y lo son porque, de manera inconsciente, nosotros mismos las enviamos al sótano para no verlas. Al no resolverlas se vuelven obstáculos para nuestra felicidad.

A continuación comparto contigo algo realmente interesante:

LOS 9 PUNTOS CIEGOS MÁS COMUNES

1. Autocrítica. Suelo fijarme en mis defectos y en los de los demás. Me exijo y me esfuerzo tanto que cuando no cumplo con mis expectativas, me deprimo. "Las cosas tienen que salir perfectas", escucho una voz que siempre me lo reclama. Si en un momento estoy muy divertido, siento culpa o ansiedad.

2. Autoabandono. Suelo estar pendiente de todo mundo menos de mí. Me enoja que los demás no ayuden como yo lo hago. Me cuesta trabajo decir "no" a todo lo que se me pide. La opinión de los demás me importa mucho. Si opinan bien de mí, me siento seguro, pero si me critican o no reconocen lo que hago por ellos, me deprimo.

3. **Autoengaño.** Para conseguir la aprobación de los demás soy muy exigente conmigo mismo y trabajo hasta el cansancio. Puedo ignorar los avisos de cansancio que mi cuerpo me envía, así como a mi familia. No sé descansar, si lo hago, me siento incómodo y hasta culpable. Me puedo adaptar a todo con tal de ganar.

4. **Autosabotaje.** Soy muy sensible y suelo centrarme en mi persona, mis problemas y sentimientos. Tengo la tendencia a compararme con los demás y ver lo que otros tienen y de lo que yo carezco. Siento que algo me falta en la vida y no sé qué es, lo que me hace sentir un vacío. Suelo tomarme todo demasiado en serio.

5. **Autoseparación.** Con frecuencia me refugio en mis pensamientos; prefiero aislarme en mi cueva y desde ahí observar la vida y no participar en ella. Suelo desconectarme de lo que siento y puedo convertirme en una persona fría, ausente de los demás y distante. Cualquier interés hacia mi persona lo tomo como una invasión.

6. **Autodesconfianza.** Dudo del mundo, de mí mismo, de la gente y de sus intenciones. Suelo estar a la defensiva. Con facilidad pienso en lo mal que puede salir todo, en lugar de enfocarme en las ventajas. Me quejo de todo y puedo hacer críticas muy severas. Ante algo que yo considero una amenaza, puedo reaccionar muy agresivamente.

7. Autoevasión. Entre más estresado estoy, más busco la diversión y la superficialidad. Me distraigo con cualquier cosa y quiero probar todo. Me involucro en mil cosas y prometo más de lo que puedo cumplir. Tengo tantas proyectos en la cabeza que se me olvida lo importante y lo que en realidad tengo que hacer.

8. Autocontrol. Intimido a las personas y construyo gruesas paredes a mi alrededor; eso me da seguridad. Me gusta sentir que estoy en control de las cosas y de las personas; evito mostrarme vulnerable. Cuando estoy bajo presión me vuelvo suspicaz, actúo por impulso y puedo ser agresivo y violento.

9. Autodevaluación. Cuando no estoy bien me ausento de mí mismo. Sólo me descalifico y me digo que no merezco o no puedo hacer tal cosa. Me hago invisible ante los demás. Evito el conflicto y el cambio a toda costa. Me vuelvo indiferente ante los problemas. Hago las cosas a medias y pierdo mucho el tiempo.

Sólo al traer a la conciencia aquellos mecanismos de defensa que hemos creado de manera inconsciente y quizá porque nos disgustan al ser de nosotros mismos no los queremos ver, es que desaparecen los puntos ciegos y se vuelven motivo de crecimiento. Lo que habría de recordar una y otra vez es la implacable frase: Tú creas tu propia realidad.

Sería más sano y mejor concentrarnos en obtener la paz que se deriva de entender que es imposible ser o tenerlo todo.

En conclusión, cuando seamos capaces de ver la perfección en nuestro ser interior, a pesar de que difiera de todo lo que nuestro ego nos grita, habremos dado el gran paso de la autoaceptación, el paso para encontrar la belleza profunda e imperfecta de ser Wabi-Sabi.

2

Conéctate con tu derecho a ser feliz

La búsqueda del tesoro

Normalmente la razón por la que haces todo lo que haces es, simplemente, porque quieres sentirte satisfecho con tu vida, ser más feliz. Como todo ser humano, vives en la búsqueda constante de ese codiciado tesoro; intentas por aquí, buscas por allá, compras esto, comes lo otro, en fin. Sólo que es importante descubrir de dónde viene la felicidad, qué la conforma, en qué consiste. ¿Se puede mantener siempre? ¿Viene y va? ¿Es algo que me tengo que ganar? Mientras no seamos conscientes de este poderoso secreto, siempre sentiremos ese hueco, tendremos la sensación de que "algo" falta.

Bien vista, la "felicidad" es sólo una palabra que intenta descifrar, apuntar, explorar o tocar lo que todos anhelamos. Sin embargo, curiosamente, es algo de lo que no hablamos; ¿recuerdas alguna conversación con un amigo, en la que hayan explorado este tema? Te aseguro que tu mente quedará en blanco. Mientras tanto, nos dejamos llevar por los tristes acontecimientos que dominan nuestro panorama actual, sin percatarnos de que hablar de ellos es una forma de cultivarlos, de reforzarlos en nuestro inconsciente y en nuestra vida, pero no de solucionarlos.

Por ello, te invito a hacerte dos preguntas y a tomarte un rato para responderlas con honestidad.

La primera: *¿Qué es para ti la felicidad?* Al preguntar a través de Twitter, recibí una gran variedad de respuestas como: "La felicidad es tener seguridad económica", "tener salud", "ver la sonrisa de mis hijos", "es algo que tienes que buscar toda la vida", "sentirte amado", "encontrar a mi pareja ideal", "sacarme la lotería", "es algo que sé que tengo, pero temo encontrar". Cada uno tenemos nuestro propio concepto y lo moldeamos conforme vivimos.

Cuando te sientes profundamente feliz es porque estás conectado.

La segunda es : "A ti ¿qué te hace feliz?" ¿Te lo has preguntado?, ¿lo has puesto en palabras, por escrito? Es muy importante, porque en el momento en que lo haces, lo traes a tu consciente y disfrutas más de cada detalle de la vida. A mí, por ejemplo, me hace feliz hacer ejercicio; sentarme en mi sillón frente a la ventana que da a un árbol hermoso y escribir con tranquilidad acompañada de una taza de té, entre otras muchas cosas. Si te fijas, son las cosas pequeñas y simples las que nos dan esa sensación de estar contento.

Considero un gran avance el hecho de que la tendencia de la psicología actual sea investigar y enfocarse en cómo podemos ser más felices, cómo obtener mayor satisfacción en la vida; y no como antaño, cuando su objetivo era llevar a un paciente a un estado de bienestar de menos cinco a punto neutro.

Partamos de la base de que a pesar de dicho avance terapéutico, nadie además de ti puede hacer en tu lugar esa dichosa tarea.

Es por eso que estoy convencida de que el simple hecho de hablar de la felicidad, de traerla a la mesa, provoca que reflexionemos al respecto, y quizá de esta manera la entendamos, nos acerquemos más a ella, la vivamos, y así construyamos una forma de defensa al crear nuestro propio castillo en medio de la tormenta. ¿Supervivencia? Tal vez...

Lo que no es la felicidad

Una forma de entender la felicidad es a través de comprender también lo que *no* es. Al darnos cuenta de ello comenzamos a ver de manera más clara lo que sí es. Comparto contigo algunas de las percepciones equivocadas al respecto.

Lo que la felicidad *no* es

1. **"Algo que tengo que conseguir."** Como si ésta fuera un producto muy exclusivo en una tienda departamental, cuyo único tipo de cambio es el esfuerzo. Se consigue a través de hacer, de trabajar, de buscar que las cosas pasen, de dar lo mejor de mí. Lo curioso es que con esta idea nos pasamos la vida como un hámster que corre y corre sobre la rueda de su jaula sin parar, creyendo que así avanza y que algún día llegará a algún lado.

2. **"Algo que me tengo que merecer."** Como si se tratara de una medalla al mérito que obtengo sólo si soy muy bueno, muy responsable, muy exitoso, suficientemente generoso o perfeccionista durante ¡toda mi vida! Y si me la merezco, un día, alguien en algún foro cósmico lo reconocerá, me la otorgará y me dirá

con voz grave y profunda: "¿Hiciste bien las cosas? ¿Te portaste bien? Entoooonces mereces ser feliz."

3. "Algo que algún día encontraré." Como si la felicidad estuviera en el futuro o en algún punto de nuestro destino: "Seré feliz cuando..." Así que la busco por todos lados, en una relación, en un nuevo amor, en una carrera, en el sentido de mi vida, en un proyecto determinado. Me enfoco completamente en el mañana, sin percatarme de mi presente y me convierto de esta manera en un adicto a la búsqueda.

4." Es un estado mental." Aunque aparenta serlo, no lo es. De hecho, si observas, podrás darte cuenta de que cuando te sientes feliz es precisamente cuando dejas de pensar, cuando dejas de buscar afuera y aquietas la mente para encontrarte con esa parte dentro de ti que es perfecta, tal y como es en este preciso momento. Y que no hay, no hubo, ni habrá otra oportunidad mejor para ser feliz.

Si acaso te identificas con alguno de los dichos anteriores, ¿cómo calificarías entonces tu nivel de felicidad? Imagina que colocaran sobre el piso diez hojas alineadas y numeradas del uno al diez, y que te pidieran pararte sobre el número con el que hoy calificas tu nivel de felicidad. Piénsalo: ¿te encuentras en el 7, el 5 o el 10? De acuerdo con los estudios del Happiness Project, realizados por el doctor Robert Holden (al que haré referencia en varias ocasiones a lo largo de este libro, por ser una fuente de inspiración para mí), la mayoría de las personas nos ponemos entre los números 4 y 7. "No siento que merezca estar más arriba", "me da miedo ser feliz, la vida te lo cobra después", son las respuestas más comunes. La realidad es que:

Nada será suficientemente bueno para ti si decides que tú no eres suficiente.

La culpa

Estarás de acuerdo con que vivimos en una sociedad culposa. Nuestra formación judeo-cristiana ha contribuido a que la culpa sea parte de nuestro ADN y esto ha sido una de las grandes barreras que nos impiden sentirnos plenos. Como si sentir culpa nos redimiera de haber hecho algo. Sin embargo, ¿cómo definir "culpa"? Es una emoción creada por nuestra imaginación después de algún acontecimiento. Es un sentimiento que surge cuando sientes que hiciste algo malo, o bien, se genera cuando te sientes poco satisfecho con tu desempeño. Es esa voz constante en tu cabeza que te dice que has fallado, que decepcionaste a alguien o a ti mismo... y que, por cierto, de nada sirve.

En este momento no me voy a referir al tipo de culpa que resulta de haber violado un principio ético, una promesa o un valor; sino a esa culpa encarnada, generalizada y nebulosa que no aporta nada más que hundirnos en un pantano. Sencillamente esa culpa es creer que no *mereces* ser feliz, lo cual, de alguna perversa manera, un día se nos tatuó en el inconsciente.

Cuando somos pequeños —ignoro el motivo— nos enseñan que nacimos con pecado y somos culpables. ¿De qué?, me lo pregunto al ver lo sagrado en un bebé o en un niño. De pequeños escuchamos con frecuencia la sentencia: "Dios está en todos lados", pero no como lo que es, una luz y la esencia misma de la compasión y el amor, sino como alguien que nos evalúa y califica de manera constante. De niña, me imaginaba el triángulo con el ojo de Dios siempre presente, juzgándome desde la esquina de mi cuarto, desde el salón de clases, en la cocina de mi casa, por doquier. Mas esto no es sólo un asunto del catolicismo, también el judaísmo está cargado de culpas ambiguas. Los hindúes tienen el "karma"; los musulmanes constantemente se enmiendan... En fin, la culpa, como Dios, está también en todos lados, es omnipresente.

Es así que desde niños nos inculcan que nuestra esencia consiste en la culpa, antes que en el amor. Con la mejor intención durante años, nuestros papás nos repitieron hasta tatuarnos —estoy segura de que con buenas intenciones— frases del tipo: "Ve lo que has hecho." "Deberías sentir vergüenza." "Estamos muy decepcionados de ti." "Un día me vas a matar de un coraje." O bien: "¿Sabes cuánto nos hemos sacrificado por ti?" "¿Cuántos niños pobres quisieran comer este plato de espinacas?" Y ni hablar de cuando se acercaban las fechas navideñas: "Santa Claus te va a traer piedras en lugar de juguetes." Culpa, culpa y, por todos, lados culpa.

A las generaciones que vivieron los sufrimientos de las guerras les enseñaron que sentir culpa era bueno, te formaba, te ponía límites y te impedía pecar. Significaba que la persona era "decente" o buena cristiana. Incluso muchas mujeres de la época encorvaban la espalda, miraban hacia abajo y se hacían chiquitas, como queriendo pasar desapercibidas. Eso era ser una buena y virtuosa mujer. Y ¡claro!, esa visión completamente medieval la heredamos hasta al día de hoy. Seguimos cargando con la culpa permanente de "no ser suficiente", de no ser merecedores.

Todos anhelamos ser felices. Sin embargo, mientras nos juzguemos como "*no* merecedores" nunca seremos capaces de aceptar libremente la felicidad.

Lo curioso es que los niños aprenden de volada y les voltean los papeles a los padres: "No es justo", "tú nunca estás aquí", "nunca me llevas a ningún lado" o "eres mala", cuando les niegas el permiso. Así, de manera inconsciente, el juego se repite.

En la escuela, los maestros también cooperan al dosificarnos buenas dosis de culpa: "¿Qué dirán tus papás?" De niña siempre me sentí culpable. Algunas veces supe por qué pero muchas otras no. Simplemente me sentía con un eco de culpa constante. Como he comentado en otras ocasiones, fui una niña muy distraída y nunca fui buena en los estudios. Así que frases como: "¿Quién es la única niña que no trajo la tarea? Claro... Gabriela Vargas", eran el pan de cada día. Recuerdo la sensación de sentir la mirada de las treinta compañeras que, liberadas de la culpa, me miraban mientras yo me hundía más en la culpa.

Lo que ahora sé, y me hubiera gustado saber de niña, es que el ego se obsesiona con dos cosas: con echarle la culpa a todo el mundo y con echarte la culpa a ti. Es de lo que se alimenta. Y cuando se trata de ti, no te dice: "Hiciste *esto* mal", sino te dice: "Eres malo." Ese concepto tanto de niño como de adulto es muy duro de asimilar. Si bien podemos modificar estas creencias de la infancia con base en tener experiencias positivas que recuperan nuestra autoestima, también pueden convertirse a la larga en el origen de ansiedad, depresión u otros padecimientos de la vida adulta.

Debido a esto sería bueno ser más conscientes, detenernos y escuchar qué les decimos a nuestros niños y qué nos decimos a nosotros mismos. Pues si bien quizá heredamos la culpa en un inconsciente colectivo, ahora como adultos podemos comprender que no es un asunto de merecer sino de *escoger*. Escoger y conectarte con tu Ser interno, ese que siempre está en paz, siempre está contento y es todo amor, sin culpas, como lo hacen los niños... Crecer sin duda duele, es parte de la vida; sin embargo, también lo es la oportunidad de convertir ese dolor en una especie de composta que contribuya a hacernos mejores personas.

El asombro

"Cuando no nos asombremos
de asombrarnos, estaremos muertos."
Friedrich Nietzsche

Sentado en la orilla de la butaca aplaude muy emocionado, con las palmas de las manos totalmente rígidas, como sólo lo hacen los niños. El telón se levanta y las luces se encienden para dar comienzo a la tan esperada matiné: *Mary Poppins*, que Pablo, con casi cinco años de edad, deseaba ver desde que un año atrás, antes de mudarse a la ciudad de Nueva York, su mamá se la ponía en video.

No sé qué era más espectacular, si ver la boca abierta y los ojos de asombro del niño al ver las luces, escuchar los acordes de apertura: "*Just a spoon full of sugar...*" —que me remontaban a mi propia fascinación en la infancia—, verlo admirar la magia de la escenografía de una calle inglesa, o atender a la obra. "¡Se mueven como piezas de lego!", exclamó Pablo maravillado al ver cómo desde la calle entrábamos mágicamente al interior de una casa. Todos los detalles que a su mamá y a los abuelos nos parecían normales, al niño le admiraban; era la misma sensación que produce ver por primera vez cómo sale un tallo verde de un frijol, sumergido en un vaso con algodón mojado, ¿te acuerdas?

El asombro, ¡qué prodigio y qué privilegio! Estrenar de nuevo el mundo a través de los sentidos de un niño al que todo le emociona. Lo mismo un bicho que el sabor del chocolate amargo, o el color blanco de la nieve. ¿En qué momento perdimos los adultos esta capacidad de gozo?, ¿de felicidad?, como si el mundo nos garantizara que estaríamos aquí por siempre para disfrutar de él y sus regalos.

Tal como se había anunciado, ese día de enero cayó una fuerte nevada. Con el corazón encogido de saber que muy pronto nos despediríamos de la corta visita, y a pesar del frío gris que nos congelaba la cara, paseamos por la calle pintada de blanco con Pablo columpiándose de las manos de sus abuelos, Pablo y yo. Con los cachetes colorados, caminaba feliz con la boca abierta para sentir la textura y la frialdad de la nieve que registraba por primera vez. Por un instante sentí como si me elevara y observara la escena a distancia. "La vida es bella", nos dijimos los abuelos con un intercambio de miradas, queriendo congelar el momento.

Recordé lo que dicen los maestros de filosofía oriental: la energía sólo tiene dos dimensiones, la horizontal y la vertical. La horizontal es el tiempo ordinario, es la línea en la que nuestra mente viaja al pasado y sueña con el futuro; es el día a día, es quedarnos en el pórtico de la casa sin ir más allá, es vivir dormidos, pendientes sólo de las cosas, del mercado, de la política, del prestigio y demás. Así vivimos la mayoría del tiempo.

En cambio, en la línea vertical la energía viaja a las profundidades, sucede en un instante de conciencia, de conexión.

Es cuando en un breve momento despertamos y nos quedamos quietos, cuando podemos ver lo extraordinario en lo ordinario. Cuando las dos líneas convergen se forma una cruz; es ahí, en el centro exacto de su unión donde se encuentra la eternidad.

¿Cuánta belleza hay en el mundo que por cotidiana ya no asombra? La luna, el arte, el teatro, el campo, una manzana roja, meterse en sábanas limpias, admirar flores naturales sobre la mesa, el olor de un pastel que se hornea en la cocina, el abrazo espontáneo de un niño, ver cómo Mary Poppins saca muebles de su maleta para acondicionar su cuarto... Lo que sería bueno es hacernos conscientes de que, si bien nos va y con suerte, sólo contamos con 85 años en promedio para disfrutar esa belleza.

El asombro es despertar, contagiarse de la mirada de un niño y de la filosofía de la madre Teresa: "Ser felices en el momento es suficiente. En cada momento... Es todo lo que necesitamos, no más", es lo único requerido para visitar la eternidad.

El reloj sigue corriendo...
¿Disfrutas la vida?
¿Te gusta lo que haces?
La decisión está en tus manos.

¿La edad afecta tu nivel de felicidad?

Como a la mayoría de nosotros, pensar en hacerme viejita y perder mis facultades no es algo que me ponga a brincar. Sin embargo, la vida, contrario a lo que pensamos, no es como una línea que viaja en una diagonal descendente hacia el valle de los muertos.

Considero importante tomar en cuenta qué es lo que la ciencia opina sobre el tema de la felicidad, por lo que comparto contigo lo que encontré.

La gráfica de la "U"

De acuerdo a los estudios realizados por los investigadores de Stoney Brook University y Princeton University, publicados en *The Economist*, el 18 de diciembre de 2010, los niveles de felicidad que tenemos a lo largo de la vida y que curiosamente se repiten en 72 países tanto desarrollados como en los que se encuentran en vías de desarrollo, muestran una gráfica en forma de "U".

Es decir, al inicio de la vida adulta, etapa en la que nos sentimos felices, buscamos pareja, cursamos una carrera y demás, nos encontramos en el punto más alto de felicidad, en el número 7 en una escala del uno al diez. Alrededor de los 26 años comienza el declive que toca fondo alrededor de los 46 años, con el nivel de felicidad más bajo de 6.3, que solemos conocer como la "crisis de la mitad de la vida". Aquí la preocupación, la tristeza y el estrés suelen incrementarse. Al acercarse los 50 años de edad, la gráfica de la felicidad vuelve a viajar en línea ascendente hasta el otro punto más alto que forma la "U", condición que continúa hasta cumplir los 80 años.

El punto más alto de felicidad

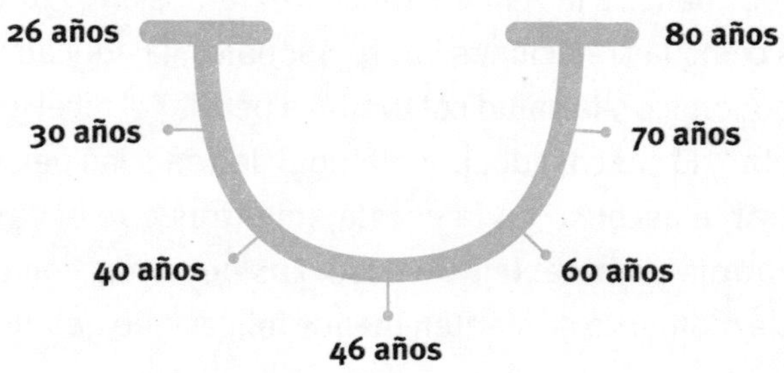

Los cuatro factores de la felicidad

Quienes realizan las estadísticas con fines económicos escarban entre cúmulos de información, como mineros en busca de oro, para responder a la pregunta: ¿Qué determina el nivel de felicidad?

Lo que concluyen es que cuatro grandes factores afectan la respuesta.

Factores que inciden en la felicidad

1. Género
2. Personalidad
3. Circunstancias externas
4. Edad

Las mujeres, por ejemplo, en general somos más felices que los hombres, aunque también más susceptibles a sufrir una depresión.

En lo que a la personalidad se refiere, suele haber dos extremos: en uno se encuentran las emociones negativas, que habitan en las personas neuróticas con mayor tendencia a sentir culpa, ansiedad e ira —y, en consecuencia, a ser menos felices. Mientras que, en el extremo opuesto, las personas extrovertidas que gustan de estar con gente, divertirse y reír con facilidad, son más felices. Lo irónico es que si tu disponibilidad para dar felicidad es limitada, tu disponibilidad para recibirla también lo será.

En cuanto a las circunstancias externas encontraron que factores como las relaciones interpersonales, la educación, el ingreso económico y la salud colaboran a perfilar el nivel individual de felicidad. El ser casado, por ejemplo, les da a las personas un considerable ascenso en la escala, mientras que el carecer de empleo arroja un notable descenso. Las personas con niños en la casa de momento se sienten menos felices que quienes no los tienen. La gente con más estudios es más feliz, les facilita tener mejores ingresos, pero el efecto desaparece cuando el dinero se restringe.

Por último, se encuentra la edad. Si le preguntas a un grupo de personas de treinta años, y a otro de setenta qué tan felices son, como lo hicieron los científicos de Sanford School of Public Policy y la Duke University, según el estudio publicado en *The Economist*, la respuesta es que el grupo de treinta años de edad se percibe feliz, mas no tanto como el grupo de los que tenían setenta.

Claro, con la edad te das cuenta de que, quieras o no, por más que luches contra el tiempo, la noche llega inevitablemente y con ella sus lecciones. Hay que tener la madurez para apreciar que si bien el físico se deteriora poco a poco, el espíritu no; éste incluso se expande, y con él lo hace la capacidad de amar, de disfrutar y de sentirse en paz.

Hoy, en esta segunda mitad de mi vida, a pesar de las pérdidas, grandes y pequeñas que he vivido, al igual que la mayoría de nosotros, valoro y aprecio enormemente que estoy viva, que tengo un esposo que adoro, ocho nietos preciosos y me siento más relajada, más agradecida con la vida, en paz conmigo misma y más feliz. Y eso que apenas comienzo el ascenso de la curva. El asunto no pinta tan mal...

Secretos de la gente feliz

A continuación, comparto contigo algunas de las conclusiones a las que diversos estudios y científicos han llegado, al estudiar la vida de personas comunes y corrientes que disfrutan plenamente de la vida.

Siete secretos de la gente feliz

1. Tu vida tiene una misión y un significado. Encuentra cuál es y tenlo muy claro. Siete de cada diez personas estudiadas por el profesor Lepper, en 1996, se sentían más satisfechas consigo mismas y con sus vidas al tener claro su objetivo y su misión en este mundo. Piensa que no estás aquí sólo para llenar un espacio o ser la escenografía de una obra de teatro. De hecho, nada sería igual si tú no existieras. Tú eres el actor principal de tu vida. Cada persona con quien te has topado, incluso cada lugar en el que has estado, serían diferentes sin ti. Al encontrarle un sentido a tu vida, simplemente te levantas con más gusto por las mañanas y encuentras la fuerza para superar cualquier obstáculo que se te presente.

2. Dar el primer paso para ser feliz. Con frecuencia pensamos que las personas que son felices y las que no lo son, son así porque nacieron de esa forma, tienen ciertos privilegios o mala suerte y eso las hace distintas de nosotros. Sin embargo, Sonja Lyubomirsky, profesora de la Universidad de California, encontró en 1994, que los dos tipos de personas pueden vivir experiencias similares; la diferencia radica en que la persona descontenta pasa el doble de tiempo pensando en lo que le causa infelicidad y sigue haciendo lo que le molesta. En cambio, quienes se sienten felices, se permiten serlo, valoran las pequeñas cosas y buscan apoyo en información que las lleve a llenar su vida de colores.

3. Aceptar que no siempre tienes que ganar. Quienes son altamente competitivos y siempre necesitan ganar, terminan por disfru-

tar menos las cosas. Ahí dejan toda su energía. Si acaso pierden, se desesperan, se autorrecriminan y se frustran. Y si ganan, no lo aprecian porque finalmente era lo que esperaban que sucediera; además se enfocan inmediatamente en la siguiente meta. Thurman concluyó, en 1982, que la competitividad puede nublar la satisfacción porque los logros nunca serán suficientes y las caídas resultarán particularmente devastadoras. Recuerda que el ego es una cubeta sin fondo: verá la forma de hacer un agujero y, jamás, jamás, jamás, podrás llenar la cubeta.

4. Buscar la congruencia en tus metas. ¿Te imaginas que las dos llantas delanteras de un coche estén direccionadas a la derecha y las dos traseras lo estén a la izquierda? Así son las metas, si entran en conflicto no funcionan. Wilson, Henry y Peterson mostraron, en 1997, que la satisfacción está relacionada con la consistencia de las metas. Tener una carrera, una familia, una educación que te proporcionen bienestar, constituyen ochenta por ciento del contentamiento. Sólo que, ojo, esos objetivos necesitan ser consistentes uno con el otro y estar en balance —lo cual es un gran reto— para producir resultados positivos. Revisa tu vida. Procura que tu hacer sea congruente con tu ser, o la incongruencia saboteará hasta el más brillante de tus planes.

5. Compararse con inteligencia. Como anteriormente vimos, muchas de tus satisfacciones y frustraciones tienen origen en las comparaciones que haces. Cuando te comparas con personas que consideras tienen "algo más" —no importa qué—, te sientes mal. Cuando lo haces con las que "tienen menos", surgen dos opciones: sentirte agradecido con la vida o caer en la trampa de cegarte por la soberbia. Así que si tu ego insiste en compararte, hazlo con quien te inspire, de tal manera que te sientas cómodo contigo mismo, con lo que eres y con lo que tienes, y que al mismo tiempo, te motive a crecer.

6. Cultivar a los amigos. Tu familia y tus amigos, más que la satisfacción personal o la visión que tengas del mundo, son el factor más importante para tu felicidad. Date el tiempo para estar con ellos, busca su compañía. Si te sientes cercano a otras personas, es cuatro veces más probable que te sientas bien contigo mismo, que si no te sientes cercano a nadie. Así que procura a tus seres queridos, rescata las viejas amistades, aprovecha las oportunidades en el trabajo o con los vecinos para expandir tu red de amistades. La gente necesita sentir que es parte de algo más grande, que alguien se preocupa, y ve por ella, tanto como ella lo hace por los demás.

7. Ver menos la televisión. Este punto quizá pueda parecerte irrelevante, sin embargo, ver demasiada televisión —además de que los noticieros suelen resaltar sólo aspectos negativos— es tóxico, embota el cerebro, lo pone en pausa, te coloca en el afuera y te desconecta de tu sentir interior; también puede triplicar tu hambre por las posesiones. Asimismo, reduce cinco por ciento tu estar contento por cada hora del día que la veas... Es sorprendente, ¿no crees?

Por último, sentirte más pleno también es un asunto de transformar el corazón, te da la oportunidad de abrirte a la autenticidad, a la fe, al perdón, a la vulnerabilidad, a la sencillez, a no juzgar, a la integridad y a otros valores que tenemos que reaprender continuamente. La tarea no es de los otros, es tuya y mía. Nada más.

Te invito a seguir estos sencillos principios que te ayudarán a conectarte con tu derecho a ser feliz.

LA DIFERENCIA ENTRE EL PLACER, LA SATISFACCIÓN Y EL GOZO

El placer

Placer es el nombre que le damos a la felicidad que experimentas a través de los sentidos. Es lo que hace un momento agradable en la vida. Sentir plenamente el placer es tan benéfico y necesario como el alimento. Asimismo, es dañino no procurarlo o negar su existencia.

¿Has notado que cuando dejas de pensar eres feliz?

TRES BENEFICIOS DEL PLACER

1. **Te hace sentir vivo.** Cuando a través del placer de respirar, de moverte, de saborear la vida, disfrutas de tu cuerpo, digieres y metabolizas tu experiencia en el mundo.

2. **Te conecta.** Cuando te comunicas con los demás a través de la mirada, la palabra, el tacto y cuando la vida los toca. Al mismo tiempo, el placer te conecta contigo mismo, pues cuando sientes ese placer profundo, dejas de sentirte separado de un todo.

3. Te da presencia. Al disfrutar los pequeños placeres vives el momento con mayor conciencia y lo aprecias más. Ver a tu hijo dormir plácidamente, tener unos minutos para poner los pies al sol o saborear de una buena copa de vino en compañía de tu pareja, se convierten en momentos fundamentales de la vida.

Sin embargo, como dice el monje budista Matthieu Ricard: "El placer se consume a sí mismo." Así son los placeres. Responden a un estímulo, son breves; el gusto va y viene y el placer desaparece una vez que los efectos de la dopamina y otros químicos se agotan.

La satisfacción

Otro aspecto de la felicidad es la satisfacción que obtienes cuando logras algo que has anhelado, cuando disfrutas un logro, un momento, o si te apasiona tu trabajo, la música o pintar. Es decir, sientes satisfacción cuando aquello que pensaste, planeaste e hiciste te sale bien. Puede ser una relación amorosa, sacar adelante una causa altruista o las acciones de la empresa.

La satisfacción es uno de esos sentimientos que nadie, sólo tú mismo, puede proporcionarte; no se puede comprar, no se puede imitar. Cuando experimentas satisfacción por haber logrado algo gracias a tu esfuerzo, inmediatamente la percepción que tienes de ti mismo se transforma positivamente, es inevitable. Es más, podríamos decir que la satisfacción es una de las bases de la buena autoestima. Como diría Stephen Covey: "Sólo quien gana pequeñas victorias privadas podrá ganar una victoria pública."

Así que te invito a que cada día te reconozcas e intentes sentirte satisfecho de los pequeños logros que obtienes aunque te parezcan insignificantes, verás que pronto tendrás mayor confianza en ti mismo y te concebirás capaz de hazañas mayores.

El gozo

Sentir gozo es diferente a sentir satisfacción o placer porque surge de otra dimensión. Cuando experimentas el gozo sientes como si una luz te invadiera y bañara por completo con una gran paz. Se expresa a través del cuerpo, pero no se genera en él. Surge de un lugar más profundo: el alma.

En medio del ajetreo, el lila exuberante de la jacaranda te toma por sorpresa. En medio del tráfico, el prodigio de la luna. En medio del estrés, la delicia de saborear un café. En medio del dolor, el abrazo de un viejo amigo. En medio del tedio, el sonido de la música que te hace mover el pie. Es entonces cuando, sin darte cuenta, suspiras y sientes un alivio inesperado. La vida se afirma sin expectativas anticipadas, sólo se hace presente y nos recuerda que, a pesar de todo, su belleza es indispensable.

Para expresar lo anterior, en ocasiones usamos palabras como "éxtasis", "plenitud", "felicidad pura". Sentir el gozo es la única forma de entenderlo. Hay quien lo pinta, quien lo baila, quien lo canta, quien lo medita, quien lo escribe, quien lo vibra al caminar en el campo, en la playa, o bien, al abrazar a un ser querido. Cuando contactas ese gozo pleno y profundo, contactas con la belleza y con tu belleza. Y desde ahí lo contagias, lo transmites en cada gesto, en el brillo de los ojos, y por cada poro de la piel.

Me encanta cómo lo describe Jon Kabat-Zinn en su poema "A taste of Mindfulness" ("Una prueba de plenitud mental"):

Has tenido la experiencia de detenerte por completo, de estar en tu cuerpo por completo, de estar en tu vida por completo, que lo que sabes y lo que no sabías, lo que ha sido y lo que está por venir, y la forma en que las cosas están ahora, no contienen la más mínima muestra de ansiedad o discordia.

Un momento en el que estás completamente presente más allá del esfuerzo, más allá de la aceptación, más allá del deseo de escapar o arreglar nada, o de sumergir tu cabeza.

Un momento de estar puro, ya no en el tiempo, un momento de ver puro, de sentir puro. Y ese estar te toma por todos los sentidos, por tus memorias, por todos tus genes, por tus amores, y te da la bienvenida a casa.

Hellen Keller describió el gozo como "el fuego sagrado que mantiene cálido nuestro propósito y hace brillar la inteligencia." Y la madre Teresa dijo que "el gozo es oración. El gozo es fuerza. El gozo es amor. El gozo es la red de amor por la que puedes conquistar almas". Por su parte, el doctor Robert Holden nos dice: "A menos de que hayas cultivado una conciencia del gozo, no habrá placer ni satisfacción que te haga feliz."

El gozo lo sientes cuando creas, cuando te conectas, por ejemplo, con la naturaleza, cuando abrazas a un bebé, cuando escuchas música que te emociona. El gozo no va y viene, lo que va y viene es tu percepción. La forma de acceder a él es estar más presentes. Darle la bienvenida, reconocerlo y aceptarlo.

Te invito a procurar el gozo, a buscarlo, a disfrutarlo y pararte sobre el número 9 o el 10 de la escala de la felicidad y convencerte de que no sólo mereces ser feliz, sino que es tu derecho.

El tesoro de la verdadera felicidad siempre ha estado, está y estará aquí, dentro de ti. No hay que buscar la felicidad, merecerla ni pensarla. Está en tu naturaleza. Está en el ser, en el alma, en el espíritu.

3

Conéctate con tus prioridades

¡Alto, que pare la música!

Al abrir la puerta del baño de mujeres, una mañana en que asistí a un desayuno, escuché el llanto desconsolado de una mujer. Vi la escena y me di cuenta de que los lamentos provenían de una amiga muy querida quien, abrazada a otra querida amiga, balbuceaba entre sollozos: "Es que estoy rebasada, me falta aire, siento una fuerte presión en el pecho. Van dos semanas en las que no he parado: mis hijos, sus clases, el trabajo y todo lo que éste me exige. Voy, vengo, cumplo con todos. Apenas es lunes y ya no puedo más, en verdad ya no puedo..." ¡Cómo me sentí identificada con ella!

Podría afirmar que todos, alguna vez, hemos tenido esa sensación. Nuestra alma, la fuente de la sabiduría interna, la anticipa antes que nuestro cuerpo o nuestro ego, y nos la quiere advertir; pero, ¿cómo puede lograrlo? ¿Cómo puede avisarte que necesitas un cambio radical para evitar problemas mayores?

Tú y yo, tanto como mi querida amiga, hacemos el mejor esfuerzo con lo que tenemos para vivir de la mejor manera posible, ya sea en el plano físico, emocional o en el espiritual. Al mismo tiempo, vivimos esa angustiosa sensación de no participar del todo, ni de manera plena, en el juego de la vida; como si ésta pasara por encima de ti y te arrastrara de manera estrepitosa, sin permitirte saber cómo o cuándo dar el grito de "¡Alto, que pare la música!"

Como he vivido crisis así —y quizá tú también, querido lector—, sé que esos momentos son el lenguaje del alma para avisarnos que en algún rincón de nuestra vida hay una incongruencia. La inconformidad comienza a manifestarse con una vaga sensación de que has cometido un error y suele acompañarse de dolor de cabeza, palpitaciones, dermatitis, problemas estomacales o tensión muscular. Por lo general, ignoramos estos síntomas, pues vivimos desconectados de nosotros mismos.

El reto es identificar el lugar exacto en donde surge ese desequilibrio. Por lo regular, nuestro ego nos tapa los ojos y nos hace creer que vamos bien, que todo va "bien".

Pero, ojo, tu salud suele ser el indicador
de lo que el alma quiere expresarte;
si pudiera hablar, diría algo así como:
"Detente, necesitas estar más presente
en los momentos importantes de tu vida
y de la vida de quienes amas; conéctate
con tu propia voz, sé congruente,
procúrate una mejor calidad de vida, es
todo lo que vale la pena."

Esa explosión de llanto o desasosiego que viene en el momento de crisis, suele ser muy positiva; es el inicio de un despertar. Indica que te haces consciente —aunque sea levemente— del cambio que requieres. Si bien durante la vida entera nos podemos negar a escuchar lo que el alma nos advierte, tarde o temprano llega el momento en el que o encaras el desasosiego y tomas el mando de tu vida o escoges ignorar la sensación y así permanecer en un engañoso confort.

Lo curioso es que eliminar la incongruencia no es un asunto de pensar o de racionalizar; tampoco se trata de seguir lo que los otros dicen que está bien o mal. Es, ante todo, cuestión de permitirte sentir la incongruencia, de reconocerla y de validar el deseo de hacer un cambio positivo. De pasar por el dolor, que es la única forma de eliminarlo. Desafortunadamente esto nos provoca pánico.

Como lo he vivido, sé que el miedo proviene de la exigencia implícita de hacer un cambio, y como decía Marcel Proust: "No hay nada que le duela más al hombre que el cambio; lo obliga a las dos cosas más dolorosas: pensar y sentir." Porque si te pierdes pasar por el dolor, pierdes las ganancias también. Sabemos que reprimir a los monstruos sólo los hace crecer.

Ya sea que la crisis se deba a haber perdido a un ser querido, haber pasado por un divorcio, una enfermedad, haber perdido un trabajo, o cualquier otro tipo de prueba, al afrontarla y superarla te das cuenta de que, de hecho, marcó el inicio de tu recuperación y te brindó crecimiento interior. Al haber pasado por el fuego, cada célula de tu cuerpo se transformó para adquirir una sabiduría que te ilumina y que puedes transmitir a otros para facilitar su camino.

Sólo te invito a hacerte esta pregunta varias veces: "¿Estoy contento con la vida que llevo?"; cuando escuches tu respuesta, vuelve a preguntártelo: "¿Estoy contento con la vida que llevo?" Así, hasta que como un taladro, el cuestionamiento llegue al fondo de la verdad y al camino de tu libertad.

¿Te gusta lo que haces?

Ésta es quizá otra de las preguntas más importantes que te puedas hacer. No importa si eres estudiante, papá, mamá, retirado, voluntaria o ejecutiva. La razón: hemos subestimado la influencia que tiene sobre nuestro bienestar general lo que hacemos en el día a día.

Para mi sorpresa, la reconocida empresa de sondeos Gallup concluye que tu respuesta a esta pregunta es el aspecto más importante para hacer una vida disfrutable. De acuerdo con las encuestas realizadas por economistas, psicólogos y científicos sobre el "bienestar", en más de 150 países, sólo veinte por ciento de las personas puede dar un "sí" definitivo al gusto por lo que hace. ¿Qué triste, no?

Cuando no tienes la oportunidad de hacer algo disfrutable, no importa si es una afición, un *hobby* o algo por lo que te paguen, las probabilidades de sentirte muy bien en otras áreas disminuyen rápidamente.

Para ser felices es crucial comprender la importancia de que lo que hagas y digas sea congruente con lo que piensas y sientes.

El otro día conocí a un hombre que estudió contaduría por presión de su papá, pero la música era su interés real y su pasión, en especial el jazz. ¿Qué hizo? Trabaja en su profesión de nueve de la mañana a las cinco de la tarde —para mantener a su familia— y los jueves, viernes y sábados le da salida a su verdadera personalidad: se despeina y toca jazz por las noches en un bar. Esto no sólo es un gozo que le inyecta vida, sino que lo hace ser una persona más sana, más cariñosa con su familia, más eficiente en su trabajo, más longeva y feliz.

Al completar la investigación llamada *Wellbeing Finder* de Gallup, surgieron cinco factores universales de bienestar que diferencian una vida próspera y vigorosa de una llena de sufrimiento.

Los cinco factores universales del bienestar

- Trabajo
- Relaciones
- Salud
- Finanzas
- Comunidad

En su libro *Well Being*, Tom Rath y Jim Harter, directores científicos y de investigación de dicha empresa, describen estos cinco elementos como factores importantes con los que *podemos hacer algo* y a los que podemos *modificar*.

Si quieres saber cómo se encuentra tu nivel de bienestar, hazte las siguientes preguntas:

- ¿Por las mañanas te levantas con ganas de enfrentar el día?
- ¿Cómo estás en el amor y tus relaciones personales?
- ¿Cómo manejas tus finanzas?
- ¿Cómo se encuentra tu nivel de energía y salud?
- ¿Qué tanto te involucras con tu comunidad?

Estos aspectos claves son simplemente los que determinan tu calidad de vida.

Me parece interesante saber que mientras 66 por ciento de las personas califican alto en alguna de las cinco preguntas anteriores, ¡sólo siete por ciento puede decir que se siente plena en todos los ámbitos que involucran!

"Qué cosa extraña es el hombre,
nacer no pide, vivir no sabe
y morir no quiere."
Proverbio chino

Bienestar en el mundo

En la tabla general de bienestar en el mundo, Dinamarca ocupa el primer lugar, España el número 11, México el número 16 —que no está mal—, Estados Unidos el número 19, Alemania el número 37, China el número 91 y por último, en el número 130, un país llamado Togo —en África. Lo triste es que si cojeas aunque sea en una sola de estas áreas, como nos sucede a la mayoría, tu bienestar general se daña y se desgasta. Lo alentador es que basta mejorar aunque sea un poquito en el placer del día a día, para que todo tu bienestar aumente.

Imagina que estás lleno de amigos, tienes una seguridad económica, y buena salud, pero ¡no te gusta lo que haces a diario! Es muy probable que te quejes con frecuencia sobre lo frustrante que es tu trabajo. Esto te causa estrés y eleva tus niveles de colesterol y triglicéridos, lo cual cobra una cuota en tu salud. ¿Te imaginas la vida del contador sin su música? Y ni hablar de cuando una persona se queda sin trabajo. De acuerdo con Gallup, la gente se recupera más fácil de la muerte de su pareja, que de un período —largo— de desempleo (¡!).

El mejor indicador para saber si disfrutas lo que haces es responder a la pregunta: "¿Seguiría haciendo lo que hago aunque no me pagaran?" De hecho, cuando alguien no disfruta lo que hace, espera con ansiedad el fin de semana y ve con terror los lunes. Esto explica por qué es más común que los infartos sucedan en lunes. En cambio, conforme una persona realiza una actividad que le satisface y disfruta, tanto el colesterol, el cortisol, como los triglicéridos disminuyen notablemente. Por lo tanto, enrolarte en algo que te apasiona puede ser una de tus más importantes prioridades para mantenerte sano y joven por muchos años.

Una de las maneras de disfrutar el trabajo es tener la oportunidad de expresar tus fortalezas a diario. Cuando esto sucede, la gente puede disfrutar sin cansarse una semana de cuarenta horas; mientras que los que no utilizan sus fortalezas se agotan en tan sólo una semana de veinte horas laborales.

Rath y Harter nos dan tres recomendaciones para vivir mejor:

1. Usa tus fortalezas todos los días.
2. Pasa más tiempo con personas que estimulen tu crecimiento.
3. Busca más interacción de tipo social con las personas con las que trabajas.

Como puedes ver, el bienestar no sólo se limita a tener éxito o salud, es una combinación de varias cosas que son interdependientes. Sin embargo, recuerda monitorearte con frecuencia y hacerte la pregunta clave:

¿Me gusta lo que hago?

¿JUGAR ES UNA PRIORIDAD?

"¡Qué manera de perder el tiempo! Con tanto qué hacer, juntarse con las amigas a jugar cartas me parece no sólo absurdo, sino algo fodongo." Eso era lo que siempre había pensado. Mi cabeza me decía que nuestro deber era trabajar, estar con la familia, hacer algo productivo como estudiar o leer; pero, jugar cartas ¡jamás!

Hasta que hace poco, un grupo de cuatro amigas que trabajamos hasta el cansancio, a las que nos hermana la presión, el estrés y la urgencia por relajarnos y divertirnos, decidimos reunirnos una tarde en mi casa a jugar algo que desafanara nuestra mente.

Vi en mi agenda que la fecha acordada desde hacía un mes se aproximaba. El Pepe Grillo que me habita me susurró: "¡Cancela, tienes el tiempo encima y te falta entregar a la editorial el último capítulo de tu próximo libro!" Pero también resonó en mi memoria el "no nos puedes fallar" de mis amigas. No me quedó más que levantarme al día siguiente a las seis de la mañana para entregar lo prometido y en la tarde irme de pinta a probar esa nueva experiencia.

Con las cartas duras por ser nuevas y a pesar de ser novatas en eso de los juegos de naipes, jugamos continental durante tres horas. ¡Qué maravilla! La mezcla de risas, cartas, confesiones, una copa de vino y música fue una verdadera terapia. El tiempo se nos pasó volando. ¡De lo que me había perdido tantos años! Ahora pienso que una actividad semejante debería ser obligatoria para todos los que vivimos con el acelerador a fondo.

En nuestra cultura, no sé qué o quién nos ha hecho pensar que nuestra valía personal está atada a lo que haces y a lo que produces. ¿Pensar en pasar el tiempo sin hacer nada? Imposible. Es más, para muchos de nosotros suena como la receta perfecta para un ataque de ansiedad.

Tenemos tanto que hacer y tan poquito tiempo para ello que la idea de pasar el tiempo en actividades no relacionadas con el trabajo, de hecho, nos causa estrés. Nos hemos convencido de que jugar es un desperdicio de tiempo. Bueno, a veces creemos que ¡hasta dormir es desaprovechar el tiempo!

"¡Tengo que lograrlo!", nos decimos, sin importar si nuestro trabajo es dirigir una empresa transnacional, educar a una familia, pintar o terminar la universidad; tenemos que estar pegados a la tarea sin distracciones de ningún tipo. ¿A qué costo?

En todas las edades, el juego nos brinda beneficios insospechados. Me da gusto saber que hoy, en muchas escuelas, les enseñan a los niños juegos tan complicados como el ajedrez. El otro día jugué con Toñito, mi nieto de siete años, y para mi sorpresa me hizo jaque mate en tres jugadas —y por supuesto no se trataba de "dejar que me ganara" para elevar su autoestima.

El opuesto del juego es la depresión

Un día, con mucha suerte me encontré con el trabajo del doctor Stuart Brown, del National Institute for Play y autor del libro *Jugar. Cómo moldea el cerebro, libera la imaginación y vigoriza el alma.*

Basado en sus investigaciones y en otras de los campos de la psicología y la neurología, Brown explica que el juego moldea el cerebro, nos ayuda a cultivar la empatía, nos ayuda a navegar por las dificultades y es la base para la creatividad y la innovación.

"El juego no es una opción", dice Brown. De hecho, escribe: "El opuesto del juego no es el trabajo; el opuesto del juego es la depresión." Y explica: "Respetar nuestra necesidad biológica programada para jugar puede transformar el trabajo, al devolvernos el entusiasmo y la novedad. Lo más importante, el verdadero juego, que surge de nuestras propias necesidades y deseos, es el único camino para encontrar un gozo y una satisfacción que perduren. A la larga, el trabajo sin juego no funciona."

Lo que me impacta es la similitud que hay entre nuestra necesidad biológica de jugar y nuestra necesidad de descansar. Es increíble la cascada de consecuencias físicas y mentales que se desatan al no dormir bien y no descansar. Pero esto parece no importar a los que todavía pensamos que estar exhaustos es un símbolo de estatus y que dormir ocho horas es un lujo. El resultado es que continuamente estamos peligrosamente cansados.

Hemos perdido de vista la importancia que tiene jugar. Por ello te invito a retomar esa actividad tan importante. Por ejemplo, puedes jugar War, Ataque, Risk, Scrabble, Monopoly, Clue, Pictionary, Serpientes y escaleras, Lotería, o algún juego electrónico con tus amigos, tus hijos o tu pareja. Además de que pasarás un tiempo muy agradable, te dará la oportunidad de olvidarte del estrés y numerosas ventajas que comparto a continuación.

Los beneficios de jugar

- Jugar es una gran alternativa para el ocio. En especial, si de niños o adolescentes se trata. Los desconecta de la televisión, los obliga a levantarse de su cama y les hace olvidar el aburrimiento crónico en el que muchos caen durante los fines de semana o las vacaciones.

- Es una forma divertida de aprender. Los juegos no sólo hacen pensar, también ayudan a mejorar la capacidad reflexiva. Para ganar, las jugadas deben planificarse y es necesario utilizar estrategias para solucionar los problemas que se presentan.

- Los juegos de mesa ayudan a desarrollar la memoria, en especial si se trata de ***Bridge***, ***Poker***, dominó o algún otro por el estilo; aumentan la capacidad de observación y la creatividad. Además, exigen pronta reacción y concentrarse demasiado.

- Los juegos de grupos o en equipos ayudan a mejorar la habilidad para socializar, al tiempo que son una buena forma de medir la fuerza de carácter y la personalidad, pues implican ponerse de acuerdo con los demás, te enseñan a perder, cooperar, renunciar un poco a uno mismo por el bien del grupo, aceptar la jerarquía y respetar las reglas del juego.

- Los juegos en grupo, tipo Adivínalo con mímica y Papelitos, en donde se representa a algún personaje escrito, nos ofrecen la oportunidad de olvidarnos del ridículo, vencer la timidez y ser lo más espontáneos y naturales posible.

En fin, jugar es una gran terapia porque te relajas, te ríes, te liberas de la tensión y el estrés. Al mismo tiempo conoces nuevas facetas de ti mismo, como me sucedió el otro día que me inicié en el divertido juego de cartas. ¡Viva el ocio!

"Es porque el mundo está
tan lleno de sufrimiento
que tu alegría es un regalo."
Robert Holden

Conéctate con tu cuerpo

"Lo que tienes, Gaby, es ansiedad." Este fue el diagnóstico del doctor Rubén Drijansky, después de casi un año y medio de escuchar de boca de toda clase de especialistas "no tiene nada, señora". Cada uno me recetaba una batería de análisis para tratar de descubrir qué me producía la dermatitis atópica y las palpitaciones del corazón que, a su vez, resultaban en un estrés que me afectaba el estómago... y nada. Así que cuando escuché este diagnóstico, sentí un cierto y extraño "alivio".

"Al menos, ya sé el origen de tan incómodos malestares", pensé. El estrés de no saber qué los provocaba era peor que el diagnóstico de ansiedad... ¿ansiedad?

Luego de leer todo lo que pude acerca de ese padecimiento moderno y al no identificarme con la mayoría de los casos ni reconocer en mí los terribles síntomas de quienes lo sufren —¡ah! como los comprendo y entiendo hoy—, una voz dentro de mí me decía que no era ansiedad lo que yo tenía. Pero entonces, ¿qué es lo que me produce esto? Mi vida emocional, familiar y profesional no podrían ser mejor. Me creía saludable en todos los aspectos.

Anoté el teléfono de la terapeuta que una amiga me recomendó, pero nunca le hablé a pesar de que la piel me provocaba —incluso dormida— una picazón difícil de ignorar que me hacía rascarme y caer en un círculo vicioso difícil de romper.

Tampoco hice caso a los brincos necios y repentinos del corazón que me avisaba su presencia durante el día entero, como un niño que reclama reconocimiento, ni a la notoria disminución de mi energía debido al estrés que todo lo anterior me generaba. "¿Qué le voy a decir?", me preguntaba. Creí que me sentiría ridícula al contarle que fuera de estas incomodidades, me sentía bien en lo personal, en lo profesional y en lo familiar. Mas los síntomas no me dejaban.

Así, con palpitaciones, ansiedad, dermatitis y otras "itis" estomacales, cumplí un año y medio. Sé que para quien padece una enfermedad seria estas son niñerías. Siempre fui consciente de ello y agradecí que así fuera. Sin embargo me afectaba, pues el malestar se incrementaba con las exigencias de la vida cotidiana, del trabajo, la entrega de mis columnas a periódicos y revistas, de asistir a conferencias en diversas ciudades del país, de grabar las cápsulas de radio, realizar el programa semanal de televisión y requerir empaparme previamente del tema que iba a tratar; además estaba mi vida de esposa, de madre, de compañera, de abuela, de hija, de amiga y la búsqueda de mi propio espacio.

El cuerpo habla

Hasta que, de la manera menos sospechada, el alivio llegó. Y fue precisamente el día en que depositamos las cenizas de mi papá. Con un hueco en el alma, por la tarde tuve que acudir al compromiso ineludible de grabar dos programas de televisión. Al llegar al estudio me encontré con las tres productoras que amablemente me esperaban en la puerta del foro de grabación para darme el pésame. No sé cómo ni de qué forma, en ese momento escuché que de mi boca salía: "Voy a renunciar al programa." Y todas nos asombramos, porque iba muy bien. ¿Coincidencia? ¿El dolor me abría nuevamente? Lo ignoro.

Lo que te puedo decir es que la decisión llegó *a través* de mí, no *salió de* mí, por decirlo de alguna manera. Surgió de alguna parte de mi ser que no era ni la cabeza, ni el corazón y, mucho menos, el ego. La resolución se abrió camino por un túnel profundo, lentamente cavado en el inconsciente tiempo atrás, como quien escapa de una cárcel. Y me dejé llevar.

Durante un mes grabé los programas suficientes para cubrir siete semanas y dejé la televisión. Misteriosamente, poco a poco, todos los síntomas, como la ansiedad que padecí durante dieciocho meses, se desvanecieron hasta desaparecer por completo.

Hoy puedo comprender que mi cuerpo ya no sabía cómo avisarme, sutilmente primero y con más energía después, que vivía un conflicto interno entre lo que mi ser y el ego me dictaban. Que el nivel de trabajo y estrés me rebasaba. La factura de la incongruencia, que en el fondo sabía pero ignoraba, la cobraba mi salud.

El dolor del fallecimiento de mi padre de alguna manera me abrió e hizo que escuchara a mi cuerpo, que lograra descifrar lo que a gritos intentaba decirme. Después de dejar la televisión, el nivel de estrés bajó muchos grados. Hoy me siento más tranquila. Aprendí algo.

Aprendí que la calidad de tu vida te exige conectarte con tu interior y quitarte la máscara de "aquí no pasa nada". La falta de sueño, una baja de energía, sentirte más irritable de lo normal, encontrar que tu tolerancia ha bajado, son otras maneras en que tu cuerpo te avisa que estás evitando enfrentarte a alguna situación que evades.

"Las personas que tienden a sentir ansiedad se esfuerzan mucho por ser agradables, por lo que cuando confrontan una situación estresante, suelen esconder sus sentimientos bajo el tapete, en lugar de salir a defenderse. Cuando esto sucede, el estrés encuentra salidas corporales para manifestarse, tipo ronchas, caída de cabello y todas las 'itis' posibles", comenta el doctor David Burns, autor del libro *When Panic Attacks*.

Hoy, libre de falsas creencias, ya sé que no vale la pena sacrificar mi bienestar para conseguir la aprobación de los demás. La decisión se siente —por fin— bien en la cabeza, en el corazón y en el vientre. Hoy he conquistado un poco más de paz.

El Nirvana al que los orientales se refieren no está allá afuera, está dentro de ti, de mí y a nuestro alcance.

En la vida, ¿calidad o cantidad?

La armonía es algo que buscamos todos los días, sin embargo aunque sabemos que es inestable, es como querer sostener una posición de yoga por largo tiempo. La armonía se trabaja, se gana. Y es importante su búsqueda porque la armonía que tengas entre cuerpo, mente y espíritu repercutirá en ti y en todos los que te rodean. Pues la armonía es la actividad del amor, el amor a ti mismo es lo primero. Porque lo que te pasa, me pasa, nos pasa.

Alguna vez le escuché a Roberto Pérez, teólogo y filósofo argentino una frase que me sacudió: "La cantidad sólo nos lleva a la vejez y la calidad a la sabiduría." Qué cierta es. Si observas, en cada decisión del día, tú y yo optamos por una o la otra. ¿Calidad o cantidad? Para darte cuenta compárate contigo mismo hace diez años. ¿Lo que haces ahora lo haces porque te gusta y desde una mayor conciencia y entrega? Tu nivel de estrés ¿ha disminuido? ¿Puedes decir que estás más presente en todo lo que realizas?

Notarás que cuando te desconectas y sólo atiendes el exterior, pierdes el ritmo, no haces bien las cosas y además te enfermas. En cambio, cuando logras conectarte contigo mismo, sientes tu vida en armonía y te vuelves más consciente de cosas simples: comer sano, dormir bien, hacer ejercicio diario, estar presente con tu pareja y familia, pasar tiempo con tus amigos, descansar los fines de semana, trabajar con un límite de horario, tener tiempo para leer... Por simple que parezca, te das cuenta de que esto —la armonía llevada a la práctica— es lo que te centra y le da gozo y significado a tu existencia.

El cuerpo es muy sabio. La pregunta que me hago y te invito a hacerte al momento de tomar una decisión es: "¿Qué siento aquí, en el vientre? ¿Se siente bien?" Eso es lo único que debes escuchar, y lo que importa no es lo que piensen los demás de ti, sino lo que piensas tú de ti.

Te invito a pensar qué le da armonía a tu vida.

Conéctate con esa voz interna que se vale de tu cuerpo para hacerte notar cuando es necesario decir "ya basta". ¿Por qué no borrar algún punto de tu lista de pendientes y sustituirlo por leer un rato, escuchar música, meditar, salir a caminar o tomar una siesta? Te vas a sentir mejor.

¡ESTO ES SENTIRSE VIVO, CARAY!

La experiencia podría volverse adictiva. Ver, oler y escuchar el furioso rugir de un centenar de motores al dar el banderazo de salida en una prueba NASCAR ¡es impresionante! Cada célula del cuerpo vibra y la adrenalina se eleva al tope al ver los autos volar por la pista a más de 300 kilómetros por hora. Uno de los deportes más rápidos del mundo. Todo es velocidad, riesgo y estrategia. "¡Esto es sentirse vivo, caray!", fue lo que pensé.

Me gusta la velocidad. Es excitante y en el mundo moderno es un sinónimo de éxito, o por lo menos de eficiencia. Ignoro si esto nos lleva a retar los límites de una vida rápida o a buscar el éxito rápido, a hacer negocios rápido, y hasta a querer conseguir amor de manera rápida. Lo que sí sé es que ahora nuestro mantra desde que amanece es: "Más rápido."

El otro día me vi reflejada en una joven periodista. Sus ganas de lograr, destacar y hacer transpiraban por cada poro de su piel. Durante la conversación me enteré que tenía una hija de doce años, a la cual disfrutaba muy poco —según me dio a entender— por lo demandante de su trabajo. "Salgo de mi casa prácticamente a las cinco de la mañana y regreso hasta las diez de la noche, verdaderamente agotada." "¿Y crees que vale la pena?", le pregunté. Su respuesta me dejó pensando: "Mira, Gaby, no quiero ni tocar el punto. Me gusta vivir así y mi hija ya se acostumbró." Por supuesto, cambiamos de tema.

Como a muchos, soy una persona a la que le atraen la velocidad y el logro como la cocaína al adicto, y que constantemente tiene que retomar el camino, pero cómo me gustaría transmitirle a esa joven lo que ahora sé: que es muy fácil confundir —como lo hice— velocidad con progreso, adrenalina con significado y urgencia con importancia. ¡Qué tonta fui! Entre más ocupada y de prisa vivía, más importante me sentía. ¡Qué desconexión! Muchos años estuve cegada con la adrenalina.

Si observas, la paciencia es un valor que en general no ejercitamos. Sólo que, con frecuencia, nuestro impulso y ansiedad de logro, de éxito, rebasan la velocidad del sentido común. ¿A cuántos de nosotros esto mismo nos ha costado cuotas de salud?, ¿o lo pagan nuestras relaciones de pareja, de amigos y familia?, las cuales suelen volverse casi taquigráficas. Nos enteramos de la vida del otro como si fuera por un encabezado de ocho columnas. Además, como la presión por trabajar más y mejor es constante, es fácil terminar emocionalmente inaccesibles y socialmente aislados. ¿En realidad, la velocidad nos hace sentir vivos? ¿Y como para qué nos sirve eso? Visto a distancia, ¿cuál es el sentido?

Algo que me llamó la atención de la prueba NASCAR fue la frecuencia con la que los pilotos hacen paradas en los *pits*. "Es crucial —me comentó mi amigo, el experto—, no hay piloto, por más bueno que sea, que pueda ganar sin detenerse. Ahí se refrescan, ajustan el auto, cambian llantas, recargan combustible y reciben instrucciones. Parece que es una pérdida de tiempo, ¿no? Pues sin esto, es imposible ganar."

Al escucharlo me pareció que era una buena metáfora. Si bien a muchos nos gusta la adrenalina y la velocidad, es imposible ganarle a la vida sin conectarnos, sin detenernos con frecuencia en *nuestros pits* (ejercicio, lectura, tiempo para los amigos y familia, meditación). Y de lograrlo, ¿cuál es el costo?

Al respecto nunca olvidaré lo que Karla Wheelock, la primera mexicana en conquistar la cara norte del Everest, comentó en una conferencia: "Cuando llegas a la cima te das cuenta de que si no construiste relaciones en el camino, llegas muy solo." Así sucede también en la vida...

Es muy fácil confundir velocidad con progreso, adrenalina con significado y urgencia con importancia.

4

Conéctate con tu autenticidad

¿Y si me muestro tal y como soy?

"Se antoja comprar todo: muebles, accesorios, ropa; lo que sea se ve perfecto exhibido en los aparadores. Hay armonía en los colores, en las proporciones, en los espacios. La vida así parece cómoda y sencilla", pensé al ver los escaparates un viernes por la tarde, mientras paseaba por un moderno centro comercial.

Mientras caminaba pensé que los humanos también, como si estuviéramos en un aparador, intentamos todo para lucir "comprables". Es así que procuramos disimular la enorme vulnerabilidad con la que a diario luchamos internamente. Surgen a la menor provocación pensamientos del tipo: "Si me muestro tal como soy, qué tal que la gente descubre que no soy como se imaginan." "No me entrego porque temo salir lastimado." "¿Qué tal si les caigo mejor cuando no soy yo? ¿Qué tal si a mi familia y compañeros de trabajo les gusta más el disfraz de 'perfecto' que muestro, ese que se encarga de resolverles todo a todos? ¿Y ahora que me atreva a ser auténtica me rechazarán? Me siento más vulnerable..." "Ante esto me siento ignorante y temo que se burlen." "¿Y si me rechazan?" "Y si..."

Por lo anterior, para protegernos de los demás y de la posibilidad de salir lastimados es que nos valemos de máscaras, biombos y de toda clase de triquiñuelas para decorar nuestro aparador personal.

"Ser auténtico significa ser fiel a uno mismo.
Es un fenómeno que pocas personas
pueden afrontar. Pero quienes lo hacen
consiguen una belleza, una gracia y una
satisfacción inimaginables."

Osho

La vulnerabilidad, eso de lo que nadie desea hablar

Sí, somos muy vulnerables. La vulnerabilidad es inexorable, universal e incómoda; nadie quiere hablar de ella. Cuando te sientes así, es como si alguien te hubiera quitado la piel; te sientes totalmente expuesto, por lo que tu cuerpo, tu mente, buscan un refugio, un abrazo, algún tipo de protección. Y el hecho es que esa vulnerabilidad es parte de nosotros, forma parte de lo maravilloso que es ser humano. Los sentimientos negativos, como el de vergüenza, duelo, decepción, dan poca valía personal y los reprimimos, no queremos sentirlos, es por eso que los negamos.

Pero ¿qué es sentirse vulnerable?

El diccionario nos dice que la palabra "vulnerable" viene del latín *vulnerabilis*, que significa "vulnerar, herir; que puede recibir lesión física o moral". Lo irónico es que ignoramos que, al evitar sentirte vulnerable, reprimes emociones y te aferras a cuanto recurso te prometa protección. Pero como no se puede reprimir una emoción de manera aislada, también te pierdes de experimentar el resto de la gama de emociones positivas como el gozo, la gratitud, la conexión abierta y sincera con el otro, que también son por igual parte de nuestro ser. Y lo más triste es que simultáneamente te pierdes de algo muy importante: el placer de ser tú mismo.

Para aliviar nuestra angustia, cuando nos sentimos abajo del nivel considerado "óptimo", recurrimos a alivios temporales, como comer, fumar, beber, o tomar algún fármaco y demás. El resultado: una ilusión. Lo que de momento nos alivia, después nos hace sentir más que miserables y nos lleva a una espiral descendente en esa búsqueda equivocada de sentido.

Es entonces cuando aparece en escena la culpa. Sólo que la culpa es únicamente una forma de canalizar ese dolor y esa incomodidad de sentirte vulnerable, que en nada ayuda, sólo te estanca más.

El reto es: ¿Cómo abrazar mis vulnerabilidades e imperfecciones de manera que pueda vivir desde la autenticidad y con sentido de valía personal? ¿Cómo cultivar la valentía, la seguridad y la compasión que necesito para reconocer que soy suficiente, que merezco ser amado, pertenecer y ser feliz?

¿Qué te hace sentir vulnerable?

Este es el primer paso. Tienes que darte cuenta qué te hace sentir vulnerable. ¿Lo has traído al consciente? Es por eso que ponerlo por escrito sirve mucho. Después de lanzar esta misma pregunta por Twitter a más de cien mil personas, me doy cuenta de que los seres humanos somos tan similares y tan distintos a la vez. Agradecí enormemente los cientos de respuestas, ya que esas personas mostraron su vulnerabilidad con el simple hecho de contestar. Es increíble la capacidad de respuesta y de apertura que se puede dar en un medio social como ese. A continuación, algunos de los comentarios que recibí.

Me siento vulnerable cuando:
Me entrego de corazón. Me siento gorda. En mi casa hay agresividad, violencia, gritos. Me rechazan. Tengo que pedir perdón. Me siento inferior. No domino un tema. Siento la indiferencia de mis papás. Se burlan de mi hijo con autismo. Me muestro como soy. El ginecólogo me revisa. Sé que no puedo pagar una cuenta. Mis hijos me preguntan por qué fumo. Me doy cuenta de que mi hija está creciendo. Dependo económicamente de otro. Estoy sola sin desearlo. Al hablar en público.

"Vivimos en un mundo vulnerable y no le damos crédito", nos dice Brené Brown, investigadora y doctora de University of Houston Graduate College of Social Work, experta en el tema. "El fondo de la vulnerabilidad es el miedo. El deseo de contactarnos con el otro y el miedo a mostrarnos vulnerables son emociones antagónicas. Entre más miedo siento, más bloqueo las emociones y más vulnerable me vuelvo. Lo que me da más miedo."

Es sólo desde la vulnerabilidad que los corazones se conectan.

Para que se pueda dar una verdadera relación, sana y profunda, tienes que dejarte ver. Y eso requiere compasión y valentía.

Compasión para aceptarte imperfecto, y como todos, con un lado oscuro por trabajar, pero con la certeza de que merecemos ser amados; después valentía, para mostrarnos al otro tal como somos... ¿Es riesgoso? ¡Claro que lo es! El amor no nos ofrece garantías de ser correspondidos, pero aun así vale la pena. Sin embargo, los seres humanos estamos aquí para conectarnos con el otro de manera profunda, esa es nuestra garantía de felicidad; si bien hacerlo con alguien es maravilloso, cuando no se da, siempre tenemos la opción de conectarnos con un plano superior, a través de la pasión por algo o cualquier medio creativo.

Sé una persona auténtica

"Se le pueden criticar mil cosas, pero es una persona auténtica." Esa frase le puso fin a la discusión y a la diversidad de opiniones que se dieron en una reunión cuando el nombre de una persona surgió en la mesa. "Es una persona auténtica." Eso pareció ser lo único en lo que todos coincidieron. No se habló más del tema.

Siempre había pensado que ser auténtico era una cualidad en el ADN; se tenía o no se tenía, como el niño que nace con carisma o sin él. Sin embargo, cuando comencé a estudiar el tema y, por ende a observarme, me di cuenta de que no es así: como cualquier otra cualidad, todo es trabajo de conciencia y práctica. Te habrás dado cuenta de que hay ocasiones, días, en los que eres más fiel a ti mismo, más auténtico; y otros en que te alejas de tu ser, te sientes inseguro, te autoengañas y te das cuenta de que es entonces cuando tiendes a juzgar y a criticar con mayor facilidad. Es una dolorosa realidad: entre menos te aceptas, más te criticas.

Ser auténtico es algo que decido ser, es una opción que se me presenta en cada momento del día. Lo difícil es optar por la autenticidad en los momentos en que me siento frágil, inseguro y vulnerable.

¿Qué es la autenticidad?

Es cierto que, si bien no es el caso de todos, muchos todavía estamos en el camino de conocer cuál es nuestro "ser verdadero y auténtico". Si te sientes identificado, una clave que te puede ayudar, si lo piensas un momento, es darte cuenta de que cuando más feliz eres es cuando estás entre amigos, en especial con los de la infancia, con quienes no hay máscaras. O bien, cuando sientes que de alguna manera te conectas con la naturaleza o con Dios. Y esos pequeños momentos de gozo nada tienen que ver con las metas profesionales o las posesiones.

La autenticidad es simplemente sentirte libre. Es observarte, estar más presente. Es no dejarte atrapar por los pensamientos —casi siempre negativos— que tu mente emite. Es descubrir que, debajo de toda apariencia física, está tu verdadero yo. Eckart Tolle lo expresa en su libro *The power of Now* de la siguiente manera:

> El comienzo de la libertad es reconocer que no eres quien piensa. En el momento en que empieces a observar al pensador, se activa un nivel más alto de conciencia. Entonces te das cuenta de que hay un reino de inteligencia más allá del pensamiento. Y que todo lo que en verdad vale—amor, belleza, creatividad, gozo, paz interior—surge más allá de la mente.

Date cuenta de tu grandeza, de tu valor, que está mucho más allá de lo que la gente opina de ti, vaya, es más, hasta de lo que tú opinas de ti.

La recompensa de ser auténtico

Desde que recibí la invitación traía un nudo en el estómago. La Universidad Autónoma del Estado de México me invitó a dar una conferencia, no a los alumnos, sino a dos mil 500 académicas. Todas eran maestras con experiencia, títulos y doctorados. "¿Qué les vas a decir si tú ni siquiera hiciste una carrera profesional?", la pregunta me atormentaba. Durante ocho días me preparé lo mejor que pude.

Al despedirme ese miércoles muy temprano para salir rumbo a Toluca, mi maestro de Tai-Chi, el doctor Alfonso Ricart, que se encontraba con mi esposo y mis hijos, y sabía el gran reto que se me presentaba, me dijo: "Sólo conecta con tu interior." Guardé la frase como quien guarda el suéter sabiendo que va a salir al frío.

Al pararme frente al auditorio de académicas, de momento sentí la boca seca. Comencé unos minutos con lo preparado, hasta que puse en práctica el consejo de mi maestro. Contacté mi interior, no seguí más el orden de lo dispuesto y todo comenzó a fluir. Comencé reconociendo que a diferencia de ellas, yo no había cursado una carrera profesional, y que soy completamente autodidacta. Me atreví a ser yo, tal cual, sin máscaras ni títulos. Ofrecí lo que traía, lo que soy, y me sentí en casa. Al principio, la sensación de atreverse a ser es similar al hueco que se siente al aventarse al vacío. Mas de inmediato sentí también las manos que me recibían, me apoyaban y cómo los corazones se conectaban. En fin, todo salió muy bien.

Hasta que me aceptes a mí mismo, podré ser feliz con los demás.

Ésa es la recompensa: ser auténtico te conecta con la autenticidad del otro. Es una fórmula de ganar-ganar. Aunque a veces la idea de escoger ser auténticos en cada momento es algo que anima y agota. Anima, porque es lo que todos buscamos y valoramos. A todos nos atrae la gente que es aterrizada, real y sin falsas pretensiones. Y no es fácil porque escoger ser auténtico en una cultura que día a día desea y te invita a que "embones", "pertenezcas" y "complazcas" es una tarea ardua de conciencia y trabajo interior.

¿Ser inauténtico y feliz?: imposible

Tocar el tema requiere cautela. "Felicidad" es una palabra tan sobada, tan trillada que uno piensa: "¿Qué tanto puedo entender o qué tanto podemos ahondar en ella?" Sin embargo, es también muy profunda.

Veamos: "Si en este momento llegara el 'genio de la felicidad' y te diera a escoger entre ser feliz o ser auténtico, ¿qué dirías?" De acuerdo con los estudios del Happiness Project, la respuesta en promedio es que 60 de cada 100 personas escogen ser auténticas. Cuando a los encuestados se les pide una razón, la más común es que una persona no puede ser inauténtica y feliz al mismo tiempo.

Existen tres atajos para ser feliz: ser auténtico, ser agradecido y amar. El primero de ellos, como vimos, se basa en que entre más congruente eres con lo que crees, con tus valores, con tu verdadero ser, más cómodo te sientes dentro de ti mismo. El segundo se basa en darnos cuenta de la cantidad de bendiciones que la vida nos ha dado, pues lamentablemente y, por lo general, sólo enfocamos nuestra atención en aquello que te falta.

Estamos vivos, tenemos ojos, oídos, pies y cerebro, entre otras maravillas. Y mientras haya salud, aire, agua y comida para vivir, el resto está en nuestras manos.

Si en este momento no aprecias tu vida, lo que tienes, tu trabajo actual, tus relaciones y tu salud, difícilmente lo harás mañana. Tu capacidad para disfrutar la vida está dentro de ti, no en el exterior. Lo feliz que puedas ser no depende de nada ajeno a ti, sino de la forma en que escojas vivir.

Y el tercer atajo, que es amar. No hay camino sin practicante. Amar es cuestión de decidir. Conectarte cada mañana durante cinco minutos con Dios, antes de empezar el día y crear una intención de vivir presente, consciente y ser lo mejor de ti, con tu pareja, con tu familia y con tu trabajo. No se requiere más.

Cuando pierdes contacto con tu verdadero ser, cuando pretendes ser alguien que no eres, cuando actúas en contra de lo que crees, te engañas.

De hecho, podemos llegar a creer que otro tipo de cosas son las que nos hacen felices, y pasar largos años en trabajos o relaciones que no nos satisfacen, ahogando nuestras frustraciones con paliativos, de tal manera que nos acostumbramos. Lo malo es que con el tiempo ya no diferenciamos entre el gozo y la tristeza.

"Céntrate y da lo mejor de ti" me repito a mí misma como mantra y me ayuda a recordar no hacerme chiquita para que otros se sientan cómodos, ni pavonearme para sentirme a la altura de una circunstancia que me intimida. Por lo que cada día renuevo mi intención de tener una presencia menos editada, menos empacada, menos temerosa, menos a la defensiva y menos auto promotora. Concluyo que si de alguien dicen: "Se le pueden criticar mil cosas, pero es una persona auténtica", lo que le están haciendo es todo un halago. Tal vez así llegue yo a los 90 años con anhelada serenidad y con el cariño de la gente que me rodea.

Verse en el espejo

Hagamos un ejercicio de reflexión. "Mírate en el espejo que sostiene tu compañero durante diez eteeernos y embarazosos minutos, y describe lo que ves. Al mismo tiempo observa cómo te sientes." Fue la dinámica a la que nos invitó el doctor Robert Holden en el entrenamiento.

Durante toda una semana nos enfrentamos al tema de la felicidad y las percepciones equivocadas y los paradigmas de ella.... Ocho horas diarias con el creador del *Happiness Project*. Trabajo que documentó la BBC de Londres y fue analizado por científicos independientes, pues demuestra cómo es posible elevar el nivel de felicidad en las personas.

Podría pensarse que ese ejercicio de verse en el espejo es asunto fácil, pero para nada lo es. ¡Qué cosa más difícil!, ¡es confrontante e intimidante! Debo decir que al hacerlo sudé, me dio pena, me di cuenta de lo superficial y vanidosa que puede ser encontrar la mirada ante ese pulido material que nos devuelve el reflejo de quienes somos.

Te invito a encontrarte en el espejo. Es algo que tienes que hacer por lo menos una vez en tu vida. Cuando lo hagas, observa la imagen que ves en el espejo. ¿Cómo te ves? ¿Qué sientes al verte? Trata de ir un poco más allá del juicio inmediato que te invita a sólo percibir tus defectos. ¿Qué frase te definiría? ¿Te gustas? ¿Te sientes tranquilo contigo mismo? ¿Acaso, en esa mirada que encuentras del otro lado llegas a ver al ser que desea realizar un sueño y que, por diversas circunstancias, no ha podido?; o tal vez, ¿no se ha atrevido?

En realidad, el ejercicio trata de comprobar cómo se encuentra nuestra autoaceptación; al mismo tiempo implica un gran descubrimiento en el proceso de autoconocimiento. Al vernos desde dos miradas, la del ego, con juicios inmediatos que descalifican, que nota las arrugas en la piel, el paso del tiempo, que te dice que debes ser más esto o lo otro, que debes ser mejor o alguien diferente; y la otra, que de pronto, mediante la mirada, advierte que algo sucede y sin más, por escasos segundos, el verdadero yo aflora y se deja ver, como una persona tímida que busca salir a hurtadillas porque el ego no la deja.

El deseo de impresionar nos ciega a ver que lo que más impresiona es ser auténticos.

Cuando te juzgas, ya no te ves

Cuando se asoma el verdadero yo, que es retraído y con frecuencia ignorado, nos conectamos con esa parte de oro, de luz, noble, sabia, buena, atemporal, generosa y divina que todos tenemos dentro y que somos.

¿Cuál es la intención del ejercicio de verte en el espejo? Ser un observador sin juzgar. Darte cuenta. Darte cuenta de ese dominio que tiene sobre ti la auto imagen y cómo puede gobernar en un segundo tu humor, tu mente, tu estado de ánimo; porque cuando te juzgas —¿y quién no lo hace?— ya no te ves.

Trata de hacer el ejercicio durante diez minutos y comprueba cómo, cuando en verdad te ves, esa superficie lisa no hace nada, no juzga, no critica, no se burla ni distorsiona la imagen. Sólo refleja. Es nuestra percepción, personal y subjetiva la que deforma.

Es importante comprender que nuestro verdadero yo es más de lo que yo pienso que soy o de lo que otros ven en mí.

Con frecuencia, el deseo de impresionar a otros provoca el olvido de que lo que en realidad impacta e importa: ser auténticos. Eso sí impresiona. Al mirarte en el espejo, está en ti la opción de enfocarte ya sea en las imperfecciones que hay en ese cuerpo o en ese rostro, o ver a ese ser perfecto creado por Dios, a ese ser incondicional que está bien así como está. Mientras no nos demos cuenta de esto, será imposible encontrar la felicidad.

5

CONÉCTATE CON LO QUE SIENTES

SIENTE LO QUE SIENTES

"Hace dos años me divorcié, después de 38 años de matrimonio; desde entonces me he dedicado a comer, a llorar y a ver televisión", me dijo una señora de cara muy bonita, con quien me senté en una despedida de soltera. "No hago ejercicio y he subido mucho de peso; al grado que ya me duele la espalda y tengo mil achaques." "Pero eso es un suicidio", le comenté sin pensar en mi imprudencia. "Sí, ya lo sé, pero no me importa", me contestó. Sentí una gran compasión por ella.

De inmediato vino a mi mente el caso de otra muy querida amiga, quien vive el duelo de un divorcio inesperado después de 28 años de casada, por el que ha llorado lo que nunca imaginó. La única diferencia es que ella se ha obligado a salir adelante a pesar de la adversidad. No sin dolor, se esfuerza y trabaja, viaja, medita, hace ejercicio, acude a un terapeuta, procura a sus amigas; en fin, vive, sobrevive.

¿Por qué parece que algunas personas tienen más fortaleza para enfrentar situaciones de estrés? Al mismo tiempo, ¿por qué hay quienes se recuperan más rápido que otras? Algunas son como aquellos muñecos inflables que se incorporan de manera rápida después de haberlos tirado de un puñetazo;

mientras otras permanecen por más tiempo en el suelo, afectadas y estancadas.

La experiencia no es lo que te pasa,
sino lo que haces con lo que te pasa.

Hay tres formas de tratar las emociones, en especial las que nos duelen. La primera es reprimirlas, ignorarlas, mandarlas al sótano para que no interfieran en tu camino, trabajo o vida; sin percatarnos de que así el dolor insiste con más fuerza, valiéndose de cualquier cosa que haga ruido y te recuerde constantemente su presencia. La segunda es tratarlas como a una joya; asegurar su permanencia, explotarlas, utilizarlas como medio de control, consentirlas, regodearte en ellas por tiempo indefinido, hasta lograr que se aleje toda la gente a tu alrededor. Y la tercera, y la más saludable, es aceptarlas, darles la bienvenida y honrarlas, hasta que al sentirse reconocidas, con el tiempo se disuelven.

La diferencia entonces está en atreverse a sentir lo que sientes.

La resiliencia

El término que los psicólogos le dan a la habilidad que algunas personas poseen para resurgir de la adversidad, adaptarse, recuperarse y tener una vida productiva es "resiliencia". Incluso, quienes son resilientes, transforman la tragedia en crecimiento, en progreso, y salen fortalecidos por la experiencia.

¿Qué nos hace ser resilientes?

De acuerdo a las investigaciones realizadas desde los inicios de 1970, las personas resilientes tienen, entre otras, las siguientes características:

- Son creativas e ingeniosas para resolver problemas.
- Son más proclives a buscar ayuda.
- Sostienen la convicción de que pueden hacer algo para salir adelante y manejan sus emociones para adaptarse.
- Buscan y logran apoyo de tipo social.
- Están conectados con su familia y amigos.
- Y lo más importante, están conectados con su espiritualidad, con su interior, que es la columna vertebral que las sostiene en un cuerpo que amenaza con desmoronarse. Saben que son parte de un todo que se conecta con un poder superior que es amor y compasión.

De esa espiritualidad es que surge la esperanza, la fortaleza de permitirse sentir lo que sienten, de aceptarse vulnerables y confiar en que un día el dolor se irá.

De esa espiritualidad es que nace la fortaleza de confiar en tus habilidades, de dar la cara, de fijarte nuevas metas, y de creer que puedes capotear lo que se presente.

La vida no es como los comerciales de televisión en donde todo es perfecto. Qué cierto es aquello de que cada experiencia trae consigo un regalo: la oportunidad de crecer, de ser más la persona que queremos ser y vivir la vida que queremos vivir.

Siente lo que sientes. Algunas veces, como le escuché decir a Marianne Williamson, autora de libros y conferencista, las experiencias difíciles que vivimos tienen el mismo efecto que una tormenta. Una vez que pasan, aprecias el cielo claro y limpio que antes no habías admirado.

Intimidad con uno mismo

No me considero escritora. Tener ese don es algo que respeto, anhelo y admiro. Llegar a hacer algo con arte es tener acceso a esa sabiduría interna que toca los linderos de lo sagrado, del ser personal que a través de la palabra y de las ideas se conecta con el ser universal donde todos los corazones del mundo se reconocen. Es una tarea a la que aspiro y a diario trabajo para acercarme a ella; sé que muchos de nosotros enfrentamos la misma batalla en diferentes áreas de la vida.

No sólo se trata de talento; sino de un trabajo interior de excavación profunda. Por eso hay temor. Un temor que bloquea, que inhibe, que critica, que descalifica y dice: "Esto es poco interesante" o "¿a esto le llamas pintar?" Temor a poner un espejo frente al corazón y ver lo que uno encuentra, o lo que no encuentra. Es temor a mostrarse, a tocar las emociones, porque solemos reprimirlas, posponerlas o cancelarlas en aras de no sé qué cosa... La realidad es que ese temor bloquea toda creatividad. No importa si se trata de cantar, pintar, bailar, escribir, construir o llevar un litigio...

> **"Conocer a otros es inteligencia;
> conocerte a ti mismo es sabiduría."**
> **Lao Tse**

Qué cierto es aquello de que nadie es profeta en su tierra. Socorro Hinojosa, maestra maravillosa en el arte de escribir, nos lo decía a sus alumnas: "¿Quieren desarrollar su creatividad? En cuanto abran los ojos por la mañana, escriban por lo menos tres hojas sobre lo que les venga a la mente, lo que sientan. Lo que sea: 'Hoy amanecí con flojera y tengo mucho trabajo, no tengo nada que decir'; 'amanecí cansado, creo que estoy un poco deprimido'; en fin. Lo curioso de este ejercicio es que es como abrir la llave del agua caliente: primero saldrá fría, pero poco a poco verás que te conectas contigo mismo, luego con el universo, y después saldrá lo que traes en tu interior. Además es una gran terapia."

Mi apreciada Socorro se fue de este mundo y nunca encontré el tiempo de hacer lo que ella decía. ¡Cuántos años desperdiciados! Tuve que escuchar el mismo consejo años después, en voz de Julia Cameron, exitosa maestra y autora del libro *The Artist´s way*, para convencerme.

Escribe tus "páginas matutinas"

Así es como Julia Cameron le llama a este ejercicio de conectarte y de escribir —a mano— en un cuaderno los pendientes que traes en la cabeza, lo que te aqueja, te preocupa, te fascina o esperas: "Esto me preocupa", "esto es lo que me gusta", "esto no quisiera", "ojalá que...", es una forma de sacarlos de tu sistema para ver tu día con mente más ligera y fresca.

Las páginas matutinas deben ser privadas, su escritura puede ser una forma de conocernos mejor, de ordenar tu día, tus pensamientos, de darle voz a lo que te inquieta. Los psicólogos o terapeutas también suelen recomendar este hábito a sus pacientes para que salgan adelante en caso de que vivan un momento difícil.

"Las páginas matutinas nos hacen intimar con nosotros mismos, y a la vez nos permiten acercarnos más a otras personas. Al estar más cómodos dentro de nuestro cuerpo, estamos más cómodos con el otro. Mejora nuestra relación de pareja y con los amigos. Nos convertimos en seres visiblemente más sanos", afirma Cameron. Escribir por las mañanas, en lo personal, se ha vuelto un ejercicio imprescindible para crear mi intención del día. Es una forma de introspección a la cual no puedes engañar, es una práctica espiritual, una especie de meditación, de plática con Dios o con el ser supremo, como quieras llamarle, en verdad maravillosa.

¿Por qué en las mañanas?, ¿por qué a mano?

"Escribir a mano es el equivalente a manejar despacio", continúa Cameron. "Cuando vas a treinta kilómetros por hora notas lo que hay a tu alrededor, te conectas con tus emociones y tu intuición. Durante los primeros treinta minutos de la mañana, estamos sin la defensa normal del ego, más cerca de los impulsos que surgen del subconsciente."

Querido lector, te invito a hacer la prueba y a que experimentes por ti mismo las sorpresas que te llevarás al conectarte contigo a través de este maravilloso ejercicio de introspección. Te sugiero poner tu despertador unos quince minutos antes de lo acostumbrado; créeme, vale la pena. Incorpórate sobre tu cama, toma un cuaderno y una pluma y comienza a escribir como si platicaras o le escribieras una carta a Dios. Verás que esos quince minutos, además de ser una meditación, son una gran terapia que te ayudará a enfrentar el día y a permanecer más en tu centro.

6

Conéctate con tus miedos

¿Quién no ha sentido miedo?

El miedo se experimenta de muchas formas: inquietud, aprensión, sensación intensa de ansiedad, nerviosismo, tensión, pánico, fobia, y demás. Cuando sentimos esta desagradable sensación, nos volvemos muy frágiles y vulnerables. Nuestra mente se dispara e imagina lo peor que podría suceder; o disfrazamos el temor con una actitud retadora o agresiva, sin que esto se justifique a los ojos de los demás. En fin, el miedo puede encontrar diversas salidas, incluso puede causar actitudes de rigidez y frialdad o cerrazón en el pensar y el vivir.

El hecho es que este miedo psicológico viene siempre de algo que puede pasar y no de algo que está pasando. Esto es que nuestra mente está en el futuro y no en el presente. Siempre podremos lidiar con el presente, ¿pero cómo lidiar con el futuro? Con algo que sólo habita en nuestra imaginación. Es imposible.

Todos hemos sentido alguna forma de miedo alguna vez. ¿La causa? Miedo a la pérdida, miedo al fracaso, miedo a ser herido, miedo a la muerte, entre otros miedos y demás. Sin embargo, también suele ser un tema del que no se habla. Cuando sentimos miedo, nuestro cuerpo genera químicos como la adrenalina y el cortisol (la hormona del estrés), que viajan por el torrente sanguíneo y producen reacciones como tensión de los músculos, aceleramiento del ritmo cardiaco, elevación de la presión sanguínea, dilatación de las pupilas y aumento de la sudoración, entre otras.

Las emociones juegan una parte importante en nuestra calidad de vida. Y son la reacción que el cuerpo tiene a tus pensamientos. En realidad podríamos decir que todas ellas nacen de dos fuentes: del amor o del miedo. De ahí se derivan todas las emociones positivas y negativas que conocemos. Y es importante expresarlas y darles salida.

Es más, podríamos decir que tu salud mental y emocional es directamente proporcional a expresar lo que piensas, opinas o lo que difieres. Cuando el ego se siente amenazado, manda el mensaje: "Peligro, amenaza a la vista", es entonces que el miedo nos atrapa, nos volvemos una persona criticona, negativa que posterga decisiones y permitimos que otros decidan por nosotros; o bien, llevado al extremo, nos sume en la inactividad o lo que es peor, lo somatizamos.

> **"El miedo paraliza, impide el desarrollo, la libertad, el disfrutar la vida y mis derechos."**
> **Anónimo**

Noventa por ciento de los miedos no tiene causa real

Solemos disfrazar el miedo, reprimirlo o evadirlo; aunque, de hecho, sentir miedo es bueno en la medida en que nos alerta del peligro. Podríamos compararlo con un abrazo: si me envuelve con amor y delicadeza es positivo; en cambio, es negativo si me aprieta, me asfixia y cancela todas mis posibilidades de crecimiento profesional, personal y familiar.

La buena calidad de vida no consiste en no tener miedos; sino en conectarnos con ellos y entenderlos para controlarlos.

Es importante saber que el miedo se genera en una pequeñísima parte del cerebro, del tamaño de una almendra, llamada "amígdala". Lo increíble es que noventa por ciento de los miedos ¡no son reales!, son imaginarios; a pesar de ello, nos producen el mismo desgaste físico y emocional. Para vencerlos debemos enfrentar algo en el interior, no en el exterior, y conquistarnos a nosotros mismos.

¿A qué le temo?

Te voy a compartir una historia.

> Había una vez un rey que habitaba un castillo lleno de riquezas y hermosos jardines, pero que jamás salía a disfrutarlos pues tenía miedo de que le robaran o le quitaran la vida. Así que para su protección decidió conseguir a los perros más fieros de los alrededores. Sin embargo, cuando los tuvo, ahora los que le daban miedo eran los perros. Por lo que decidió encerrarlos en los sótanos de su castillo. Hasta que un día, desesperado, pidió ayuda al viejo más sabio del lugar:
>
> —Su majestad —le dijo el sabio—, necesito que me acompañe a los sótanos. Una vez en el sótano e ignorando los fieros ladridos, el viejo se acercó a los caninos para acariciarlos. Ante el asombro del rey, los perros respondieron con toda docilidad.
>
> —Todo lo que necesita mi señor —dijo el sabio— es conocer, enfrentar y hacerse amigo de sus miedos; sólo así los podrá controlar.

Lo mismo nos sucede a muchas personas. Estamos dispuestas a hacer cualquier cosa con tal de no enfrentar nuestros miedos: trabajar más duro, anestesiarnos con la televisión, jugar en la cancha chica, o bien, elaborar pretextos y aumentar el ruido en nuestra vida. Esa es la raíz de todo lo que nos impide llegar al éxito, a explotar nuestros talentos y escuchar nuestra voz interna.

Las causas más comunes del miedo

A continuación te presento algunas de las causas del miedo.

Miedo a ser visto. Hay personas que no se sienten a gusto con la idea de convertirse en el centro de las miradas, situación generada por el éxito.

Miedo a provocar envidia o celos. Hay quien sabotea su éxito para evitar el rechazo de su pareja, amigos o familia. Es un hecho que cualquier tipo de éxito pone a prueba nuestro ego y el de los demás.

Miedo a ser criticado o atacado. El éxito y la crítica van juntos, como las vías del tren, por lo que hay que tener muy claro el objetivo para alcanzar el triunfo. A ti, ¿qué te motiva a lograr el éxito?, ¿es un regalo para otros?, ¿lo buscas para probarte a ti mismo o para competir con alguien? Por ejemplo, ¿qué tanto criticas a quien la prensa destaca por un logro?, lo curioso es que cuando lo haces, saboteas la posibilidad de sentir tranquilidad al tener éxito.

Miedo a sacrificarse o perder. Una educación culposa inculca en las personas que "el éxito exige sacrificio", "el amor exige sacrificio", "el talento exige sacrificio" y demás. Por eso, hay quienes creen que deben escoger entre el éxito y la felicidad, la carrera y el amor, el bienestar económico y lo que en realidad les apasiona. Pero, ojo, el verdadero éxito no te pide sacrificar tus valores, y si lo hace, no es el verdadero éxito.

Miedo a las expectativas. "Lo más duro del éxito es tener que mantenerlo", escribió el compositor Irving Berlin. Algunas personas practican el "promedio aprendido" para evitar las expectativas de los demás. Se ponen metas fáciles y hacen las cosas medianamente para pasar desapercibidas. O bien, nosotros mismos, al elevar nuestras propias expectativas, nos juzgamos miserablemente al no lograr lo que nos proponemos.

Miedo a un costo escondido. Creer que "nada es gratis", que la vida tarde o temprano nos cobrará el éxito, nos sumerge en una permanente dinámica de negociación. Por eso nos conducimos por la vida con el acelerador y el freno puestos.

¿Por qué no escuchar al sabio anciano y descendemos a nuestros sótanos a conocer y entablar amistad con esos perros feroces? Es una buena forma de comenzar a deshacernos del miedo al miedo.

El miedo y sus diferentes disfraces

A lo largo de la vida los miedos varían. Lo anterior se debe a que en nuestro cuerpo experimentamos cambios hormonales, psicológicos, endocrinológicos y energéticos que, como el peralte de una escalera, en cada etapa, nos invitan a revisar nuestra vida: "¿Hacia dónde voy?" "¿Dónde estoy parado?" "¿Qué me detiene?" Este miedo natural nos ofrece la oportunidad, ya sea de crecer y de ser mejor persona, o bien de ignorarlo o reprimirlo. Por ejemplo:

- El miedo de un bebé, al ser expulsado del útero materno de forma abrupta, le deja una huella anímica y le crea el temor a un posible abandono de sus papás, a quedarse solo, a pasar hambre o frío.

- Para un niño, los miedos a fantasmas nocturnos o a la oscuridad, aunque fantasiosos, son amenazas verdaderas; frente a eso, los papás con frecuencia batallamos al tratar de convencerlo de que eso, a lo que le teme, no existe, no es real.

- Si vemos la vida como un río cuyas orillas representan de un lado la infancia y del otro la madurez, los niños grandes tendrán que enfrentar el miedo de cruzar las turbulentas aguas de la adolescencia; que serán sin duda, frías, fuertes, cambiantes, divertidas y riesgosas. Sin embargo, los cambios que en el exterior le asaltaron por sorpresa no son nada comparados con los que inician también en su interior, a causa de las hormonas. Esto lo hace estar rebelde, sensible y confundido.

- Un joven adulto se enfrenta con decisiones importantes que marcarán el rumbo de su vida, tales como la carrera que va a estudiar, la pareja que tendrá, dónde vivirá, el compromiso, en fin. El miedo va cambiando de disfraz.

- Plenos en la vida adulta, comienza el mediodía de la vida, por lo que las pequeñas pérdidas empiezan a aparecer, tales como: la energía disminuye, las líneas del rostro hacen su debut, ciertas habilidades se despiden, ya no somos el joven con una vida por delante y eso nos provoca un gran temor. Llegamos a ésta, la tercera crisis inevitable: la crisis de los cuarenta o de la mitad de la vida. Aunque el concepto que tenemos de nosotros mismos no está de acuerdo con los indicios que arriba te mencioné, nos enfrentamos a una serie de cuestionamientos. Por primera vez nos sentimos mortales, sentimos que inicia nuestra retirada, lo que nos obliga a hacer un alto en el camino para replantear metas.

- Por último, en un adulto mayor aparecen miedos como a la soledad, a no sentirse útiles, necesitados, a la pérdida de facultades, a la muerte propia y a la de su pareja.

Siempre tendremos miedos.
Es importante saber que no estás solo.

Todos estos y otros miedos que vivimos a lo largo de la vida son parte de nuestro desarrollo y crecimiento. Todas, absolutamente todas las personas los sentimos.

Pero contactarlos, aceptarlos y conocerlos, los hace más fáciles de enfrentar; hacernos conscientes del momento presente, de entender que el ego es el que se regocija al hacerte sentir miedo, ya que le asegura una permanencia en la casa que habita, que es tu cuerpo. Date cuenta de que entre más te identificas con el ego, más sufres. Enfócate siempre en el aquí y el ahora y dale la bienvenida a los miedos; porque se vuelven una maravillosa composta para crecer y convertirnos en mejores personas.

El enojo: el mejor disfraz

El peor escenario núm. 1

Me hice viejita ¡en una hora! Estaba de compras en El Palacio de Hierro con mi hija Paola de cinco años, cuando algo llamó mi atención y me hizo distraerme por un segundo. Cuando busqué a la niña, simplemente no estaba. Con el corazón acelerado busqué entre la multitud, debajo de las mesas y entre los vestidos. Traté de recordar cómo iba vestida mi hija. En mi mente se atropellaron toda clase de situaciones... Imaginé la escena ante mi esposo: "Perdí a Paola...", y sudé frío. Las dependientas, muy amables, me ayudaron.

Después de una hora interminable, alguien encontró a Paola en otro piso, tras un mostrador, entretenida, jugando como si nada. Furiosa, mi primera reacción fue regañarla y darle una fuerte nalgada.

**Cuidado:
el enojo llega después
de otro sentimiento:
el miedo.**

El peor escenario núm. 2

Toño llegó a su casa agotado después de un largo día de trabajo. Apenas abrió la puerta, sus hijos lo acosaron con gritos pidiéndole que les adelantara su domingo para comprar dulces en la escuela. "Ustedes sólo piensan en dinero. ¡Váyanse de aquí, niños! ¡No los quiero ver!", les gritó con dureza.

**El agotamiento se transformó,
de manera instantánea, en enojo.**

Todos conocemos lo que es estar enojados; hemos sentido el enfado en la escala que va desde la ligera incomodidad, hasta la furiosa explosión de un volcán. Es totalmente normal.

¿Podríamos sacarle provecho a esta reacción tan humana? La respuesta es sí. Hay que comprender que la ira es un código que disfraza algunos sentimientos anteriores. Si no reconocemos este simple hecho, los problemas pueden crecer, agravarse y convertirse en una maraña difícil de deshacer.

Un código por descifrar

La clave es preguntarte: "¿Qué siento? ¿Qué hay detrás de mi enojo? ¿Frustración, inseguridad, celos, miedo, hostilidad? ¿Me siento poco valorado? ¿Cuál es el verdadero significado del enojo con mi hijo, mi esposo o esposa, mi amiga o mi jefe?"

En lo personal me ha servido mucho entender esto para saber medir una serie de situaciones en apariencia inexplicables, en cuanto a reacciones exageradas ya sea mías o de alguien más y para no tomarlo de forma personal. El miedo te hace desconectarte de ti mismo y convertirte en ese temible monstruo destructor, que hasta tú mismo desconoces.

Cuando nos critican, es natural que nos pongamos a la defensiva. En lugar de regresar los golpes, trata de escuchar qué hay más allá de las palabras. Quizá tu hijo se siente abandonado y lo expresa con un "ya no te quiero". A lo mejor, después de que te sentiste ignorado por tu jefe, te enojas, gritas y te desquitas con quienes tienen menos culpa: tus hijos. Quizá por el trabajo has desatendido a tu pareja y, por eso, él o ella se siente lastimado o agredido por cualquier cosa.

Dos segundos bastan para que en el momento en que te enfrentes a una situación así, sustituyas la inercia de responder y de devolver la ofensa por comprensión, reconciliación y perdón.

Expresa tu enojo, pero correctamente

Hay tres formas, conscientes o inconscientes, de lidiar con el enojo: expresarlo, suprimirlo o dejarlo ir.

Las tres formas de manejar el enojo

1. **Expresarlo.** Como vimos, la primera, y la más instintiva, es responder a las amenazas a través de la agresión verbal o física. Esto no ayuda en nada. No podemos dar latigazos a cualquier objeto o persona que nos irrite. Si puedes controlar lo que dispara tu enojo y si eres capaz de reconocer el sentimiento y ponerlo en palabras, sin herir al otro, estarás empleando la manera más sana y madura para eliminarlo. Así que si tienes un hijo y te dice: "Me gustaría tener otra mamá u otro papá", felicítalo porque tiene el valor de expresar lo que siente. Sólo te queda acompañarlo en su sentimiento y ayudarlo para que identifique la emoción primaria.

2. **Suprimirlo.** La ira se puede reprimir y, después, convertir o redireccionar. Esto sucede cuando te tragas el enojo, dejas de pensar en él o te enfocas en otra cosa. Lo hacemos con la idea de inhibirlo y convertirlo en un comportamiento más constructivo. Esto puede sonar muy civilizado, pero si no lo manejas bien, puede resultar muy peligroso ya que, al no darle salida, el enojo puede voltearse hacia ti mismo. Esto te puede producir hipertensión o depresión. Así, el enojo no expresado abiertamente puede salir de manera pasivo-agresiva y manifestarse al desquitarte con la gente, ya sabes, el "mátalas callando". Cuando te encuentres con una persona que constantemente critica, se burla o hace

comentarios sarcásticos de los demás, seguro no ha aprendido a expresar su enojo. Observa cómo no es raro que a estas personas se les dificulte establecer buenas relaciones.

3. Dejarlo ir. Finalmente, podemos calmarnos. Esto no sólo implica controlar las expresiones externas, sino también controlar las internas. Tomar medidas para bajar el ritmo cardiaco, respirar hondo, contar hasta diez, decirnos: "Cálmate, no es para tanto, no arreglas nada enojándote." En fin, puedes relajarte y dejar que los sentimientos disminuyan y se vayan.

Sólo un cuarto de segundo

Tenemos una habilidad para alterar la percepción que poca gente conoce y utiliza. Me parece muy útil saber que, en cada momento de la vida, existe la oportunidad de escoger cómo percibimos las cosas.

El neurocirujano, Benjamín Libet, condujo un experimento fascinante en pacientes que, despiertos y alertas, estaban siendo sometidos a algún tipo de cirugía de cerebro. Les pidió que movieran uno de sus dedos mientras monitoreaba electrónicamente su actividad cerebral. Ahí, pudo comprobar que hay un cuarto de segundo de retraso entre la urgencia de mover el dedo y el momento actual.

Esto quiere decir que cualquier urgencia que tengamos, incluyendo las provocadas por el enojo o por el miedo, tienen una ventana de oportunidad en la que podemos desengancharnos. ¡Es una maravilla de descubrimiento! Hay un cuarto de segundo de distancia entre querer, pensar y hacer.

Un cuarto de segundo puede sonarnos muy poco pero, para el pensamiento es una eternidad virtual. Es un tiempo más que suficiente para interpretar las cosas de diferente manera. Por ejemplo, darnos cuenta de que un sonido muy fuerte no es un balazo, que un palito entre el pasto no es una víbora, que un comentario sarcástico no tiene la intención de herirnos o que resbalar con una cáscara de plátano es gracioso en lugar de irritante.

¿Por qué sucede esto?

Cuando el cerebro recibe un estímulo, a través de cualquiera de los cinco sentidos, lo manda a dos lugares: a la amígdala y a la neocorteza, sitio desde donde funciona el intelecto y el espíritu.

La amígdala —esencial para la supervivencia— es la primera en recibir el mensaje; es muy rápida y, en un instante, nos dice si debemos atacar, huir o congelarnos. La neocorteza está más lejos y los mensajes le llegan más tarde pero, a diferencia de la amígdala, tiene enormes poderes de evaluación y se detiene a considerar las cosas. Además, la neocorteza se comunica con la amígdala para ver qué opina antes de reaccionar.

Lo bueno es que el 95 por ciento de los estímulos que recibimos llegan a la neocorteza y sólo un cinco por ciento se van derecho a la amígdala. Pero, ojo, ese cinco por ciento ¡puede crear un absoluto caos! Puede desencadenar una reacción inesperada, un comportamiento ilógico e incontrolable.

Si ignoramos ese cuarto de segundo, y nos dejamos conducir por el piloto automático, nos convertimos en impulsivos, en esclavos de la ira y del miedo. La amígdala, alimentada por el miedo, obstruye la razón y cuando le permitimos que secuestre al cerebro en repetidas ocasiones, nos pasa lo mismo que cuando transitas un camino con regularidad: entre más lo usas, más fácil transitas por él. Entonces nos convertimos en personas hiper sensibles, irascibles, explotamos por todo, o bien, nos deprimimos.

Dice Aldous Huxley: "Hay un rincón en el universo que puedes tener la certeza de mejorar, y es a ti mismo." Te invito a que, ante el miedo, el enojo o la desesperación, utilices tu cuarto de segundo para pensar antes de reaccionar impulsivamente. Te aseguro que vivirás más tranquilo, te sentirás mejor y tus relaciones se enriquecerán.

Estarás de acuerdo en que no podemos evitar enojarnos o que se enojen con nosotros. La vida siempre tendrá frustraciones, pena, pérdidas y, de vez en cuando, alguna reacción impredecible por parte de los demás. Eso no lo puedes cambiar pero sí puedes modificar la forma en que el enojo te afecta y, también, puedes conectarte con el verdadero mensaje que se encuentra encubierto por él. Si conoces la emoción primaria, podrás decirle adiós a la ira y establecer relaciones más satisfactorias con los seres que te rodean.

"Nunca te enojes por lo que crees que te enojas."
Un Curso de Milagros

7

Conéctate con lo que te hace sentir bien

Fíngelo hasta lograrlo

"¡Échate, échate Gaby!" Cómo olvidar la primera vez que me subí a un trampolín de diez metros de altura motivada por dos amigas que —claro— me animaban desde el nivel del suelo. Tenía unos once años cuando subí escalón tras escalón muerta de miedo, al tiempo que algo me impulsaba a lograr la hazaña, ¿era diversión o irresponsabilidad?

Al llegar hasta arriba lo primero que me asombró fue lo lejos que la alberca se veía, quedé paralizada; así que decidí no voltear otra vez hacia abajo. "Pum, pum, pum", escuché los latidos de mi corazón con más fuerza que las voces de mis amigas. "¿Me aviento?, ¿no me aviento?", dudaba, era el reto.

Solté el tubo de apoyo y con el estómago hundido caminé poco a poco hacia el extremo de la plataforma. Dirigí la mirada al frente, sólo pensé en la copa de los árboles que veía, tomé aire, "uno, dos, tres..." y, sin más, me aventé. Sentí el golpe de la caída y la mitad del agua de la alberca entró por mi nariz; sin embargo, la adrenalina me hizo sentir viva. Me di cuenta de que al no haber mirado hacia abajo, el salto no había sido tan difícil, ¡lo había logrado!

Atraes aquello en lo que te enfocas

Viene a mi mente este recuerdo porque me doy cuenta de que como ese trampolín son los retos y los desafíos. Todo depende de decidir en dónde fijas tu atención. Esto sucede no sólo en las "grandes" circunstancias, sino en las pequeñas cosas de nuestra cotidianidad que te provocan preocupación o angustia.

Sin importar el tamaño de la eventualidad, por lo general se nos presentan dos panoramas: en uno sólo vemos lo que nos disgusta, los riesgos, la preocupación, escuchamos una voz temerosa que nos dice: "¿Estás loco?" "¿Qué tal si...?" "¿Para qué te arriesgas?" Y claro, la energía negativa que generas adquiere fuerza. Por el contrario, si te das cuenta y conscientemente cambias el enfoque, escuchas otra voz que dice: "Sí, está bien. ¡Tú puedes!" "Todo saldrá bien..." "Confía..."

Es como tener una pequeña cortada en el dedo: te molesta y sabes que está ahí sólo cuando piensas en ella, pero no por eso dejas de hacer lo que tienes que hacer. Es más, si tu atención se fija en otra cosa, ni te acuerdas, sólo das por hecho que pronto cicatrizará. Y cicatriza.

Atraes aquello en lo que te enfocas: lo negativo a lo negativo y lo positivo a lo positivo. Escoger cualquiera de las dos opciones es una decisión que abre o cierra caminos debido a la energía que generas. Todos tenemos problemas pero, ¿sirve de algo preocuparte? Es cuestión de ver con la mirada atenta de una persona observadora porque habrá cosas que podamos cambiar y otras tantas que no. Entre más preocupación, más miedo, más malestar y más energía negativa y, por tanto, peores resultados.

Cuando logras el cambio mental dentro de ti, te conectas a un canal en el que fluye un río de energía positiva.

Por más grave que sea la situación, lo único —sí, lo único— que sirve es mejorar tu óptica, y desde ese lugar sereno y con una energía positiva, tomar las decisiones sobre qué hacer y cómo resolver las cosas. Eso sí ayuda.

CUATRO FORMAS PARA CAMBIAR EL FOCO DE NUESTRA ATENCIÓN

1. **Concéntrate en la copa de los árboles, pero ¡ya!** Lo que sientes lo transpiras. Así que en el momento en que frente a cualquier reto te percates de que tu atención está en el temor, en la culpa, en lo mal que todo puede salir, cambia tu enfoque hacia la esperanza; piensa de inmediato en algo que te haga sentir bien, lo que sea: en tu pareja si es que tienes una buena relación, en la sensación al escuchar la música que te gusta, en las vacaciones, ¡lo que sea! Si tu energía mejora, aunque sea muy poco, comenzarás a recorrer el camino adecuado.

2. **Convéncete.** Háblate con el mismo tono con que las mamás confortan a sus hijos: “Todo saldrá bien, las cosas toman su tiempo, no hay nada que temer, ten fe...” Mantente en ese canal hasta que sientas cómo te relajas y el *switch* de tu energía cambie. Parece exagerado, pero no lo es.

3. Sé firme contigo. Nunca te permitas hablarte mal, criticarte o sobajarte; ayuda más que te digas algo como: "Mira, te metiste en este hoyo, ahora encontrarás la forma de salir de él." El hundirte no ayuda en nada; de momento no te sientes muy entusiasta, se requiere echar mano de la voluntad, dejar el papel de víctima y ponerse las pilas.

4. Haz algo que te distraiga. Para cambiar la frecuencia negativa de tu energía, sal a caminar, encera tu coche, baña a tu perro, ve al cine, cualquier cosa que suavice tu negativismo.

5. Verbaliza lo que quieres que suceda. Una vez que sientas, aunque sea un pequeño cambio, comienza a hablarlo, a visualizarlo a ponerlo por escrito. Siente en todo tu ser lo bien que te hace sentir el cambio.

La mayoría vivimos como robots, llevados por el estrés, por el deseo de complacer a los demás, por tener nuestra atención en el afuera, una vida en la que sentimos sin sentir, estamos sin estar y vivimos sin vivir; es decir, desconectados, llevados por la corriente que los demás imponen. El resultado final es que, al no atender tus necesidades y por cumplirle a los demás, te alejas de ti mismo y de quienes más te necesitan. El resultado de esto: nadie gana.

No importa que al principio te la creas o no, lo importante es que decidas conectarte y cambiar el enfoque de las cosas. Como dicen los estadounidenses: "Fake it until you make it", es decir, "fíngelo hasta lograrlo". Además, ahora ya sabes que noventa por ciento de los miedos no son reales, por lo que echarte del trampolín será más fácil si no volteas hacia abajo.

A TI ¿QUÉ TE HACE SENTIR BIEN?

¿Has pensado qué es lo que te hace sentir bien? Te invito a que te lo preguntes, porque también es importante tenerlo muy claro. Observa cómo cada día aparece un nuevo producto que se lanza al mercado, un nuevo comercial, un nuevo espectacular que compite con otros e invita a captar toda tu atención. En ellos siempre nos muestran "lo que es mejor", lo que está más a la moda, más grande, más efectivo, más divertido, en fin... ¡Y nos lo creemos!

Si permitimos envejecer en piloto automático y dejar que la entropía nos coma sin aportar nada de nuestra parte para tener una vida más digna, más plena y feliz, entonces, ¿qué sentido tiene?

Por eso, es importante que tú y nadie más que tú respondas a la pregunta: ¿A mí qué me hace sentir bien? Estamos tan inmersos en la rutina y la prisa del día que esto se nos olvida.

Al hacer mi lista, me doy cuenta de que son los pequeños detalles los que hacen que al final del día mi conciencia se aquiete y mi sentir sea diferente.

Significa que sometí mi voluntad al levantarme temprano y hacer ejercicio antes de irme a trabajar, en lugar de escuchar a esa voz que me invita a quedarme una hora más en la comodidad de mi cama.

Significa que me discipliné en lo que comí durante el día, en lugar de darle rienda suelta al instinto que me dice al oído: "No pasa nada, tú cométélo."

Significa que a través de poner atención a mi arreglo, a mi higiene, a mi cuidado personal, me agrada verme al espejo y muestro el respeto que me tengo y le tengo a los demás.

Significa que ese día me di tiempo para estar un rato en silencio, para meditar, descansar un momento y ganarle aunque sea un poco a esa lucha constante que tengo para controlar al estrés.

Significa que le llamé a mi mamá para saludarla y ver cómo se encuentra; que procuré ser cariñosa y escuchar con atención a mi esposo cuando, a su regreso del trabajo, me platicó cómo le fue en su día.

Significa que abracé a una amiga que quiero o a alguien de mi familia; que ejercí la paciencia con mis hijos o con la gente con la que trabajo, cuando el día estuvo especialmente muy ajetreado; que tal vez, vía *mail* o llamada telefónica, atendí a alguna amiga que tenía abandonada.

Significa que antes de dormir apagué el Twitter y abrí un espacio para leer un rato esa novela que me transporta a otros mundos y me muestra personajes imaginarios que tanto nutren el alma y enriquecen mi mente.

En fin, cuando me siento conectada a mí misma, significa que puedo dormir tranquila al saber que ese día aproveché todo el potencial de las herramientas que la vida me dio para vivir; tanto con mi cuerpo, como con mi mente y con mi espíritu. En esto se basa mi crecimiento personal. Esa es mi lucha diaria. ¿Lo logro? No siempre. Fallo, y fallo mucho. Sin embargo, estoy convencida, porque también lo he sentido, que cuando me conecto a mi voz interna, aunque las circunstancias sean adversas, no sólo me siento bien por dentro y mi conciencia está tranquila, sino que me siento cómoda dentro de mí, lo cual también se refleja en mi estado de ánimo, en mi humor, en mi trabajo, en mis relaciones con los demás, en mi forma de caminar y, finalmente, en el brillo de los ojos.

Por eso estoy convencida de que conectarte vale la pena. Vale la pena porque te decides a mejorar tu vida, encuentras que tienes más tiempo, paciencia y energía para los demás y lo haces con gusto y porque quieres; te vuelves más responsable por tu humor y tu conducta.

Vale la pena porque te sientes en control de tu vida, tus decisiones parten de un lugar de amor y compasión; te atreves a pedir lo que realmente necesitas, eres capaz de decir “no” a lo que te rebasa y sobre todo, lo más importante, vale la pena porque al ponerte en contacto contigo mismo, con lo que en realidad deseas y te gusta, consigues el amor de ti, hacia ti; y finalmente, todo esto da como resultado que te sentirás mejor.

8

Conéctate con lo que te apasiona

Estar fuera de foco

"Sólo estás fuera de foco, Mel, aunque nunca he visto nada similar." La respuesta del doctor parece no aliviar la ansiedad de Mel, interpretado por Robbin Williams en la película de Woody Allen *Los enredos de Harry*.

Mel acude a consulta después de que todos, tanto en su trabajo y en su familia se burlan, lo cuestionan y le repiten una frase que lo desconcierta por completo: "Mel, te ves como blando, como si estuvieras fuera de foco. ¿Te pasa algo?" Y, ¡oh Dios! Él mismo se asusta cuando se mira en el espejo; la imagen que éste le regresa es borrosa, como si estuviera detrás de un vidrio o en un baño de vapor. ¿Qué pasa?

Qué genialidad la de Woody Allen para representar con una metáfora visual tan aterrizada y tan clara una etapa en la vida, un estado de ánimo que todos alguna vez hemos sentido: estar fuera de foco. Esos momentos de desconexión, en los que nos sentimos como si fuéramos un globo de gas que navega a la deriva y que obedece los caprichos del viento. Sin rumbo claro, sin horizonte fijo.

Mi inconsciente recurre al recuerdo de esta película para buscar alguna explicación a lo que en varias ocasiones he vivido y que puedo asegurar que todos lo hemos sufrido también. Por un lado, sé y entiendo que no todo el tiempo podemos estar en la cima de la creatividad, de la euforia o viajar montado en la cola del cometa. De hecho, los silencios y las pausas son necesarios para que la música sea música y se pueda apreciar. Sin embargo, cuando me encuentro en una de esas etapas, fuera de foco, algo me presiona y me dice que debo salir de ella inmediatamente.

Estar presentes

El problema para mí es que cuando me siento fuera de foco, como lo ilustra Allen, lo proyecto a través de cada poro de la piel, en mi trabajo, en mis relaciones personales; se vuelve algo perceptible para el mundo entero. Me siento muy mal. Es un hecho que en esos momentos de crisis de identidad no sabemos bien hacia dónde apuntar el dedo para definir con exactitud cómo nos sentimos; lo único que sabemos es que la vida se percibe con un lente desenfocado.

Eckart Tolle diría que lo anterior se debe a ese constante estar en el mundo horizontal y pensar en el pasado, en lo que hice, en lo que logré, en lo que perdí, en lo que dejé; o bien, es resultado de dirigir la energía y la atención al futuro, en este continúo enfoque hacia lo que sucederá, que perpetúa la negación del ahora y por ende de la felicidad. En una simple frase: a estar desconectada. Cuando me siento así, mi mente divaga, así que no estoy presente nunca. ¿Te puedes identificar? Sólo cuando te conectas con lo vertical, lo trascendente, respiras, te escuchas y contactas con tu ser interior, vives el momento, lo aceptas y de ahí, sólo desde ahí, puedes avanzar.

Sólo acuérdate: ¡Conéctate!

"Cuando discutes con la realidad, pierdes, pero sólo cien por ciento de las veces", como diría Byron Katie. Esto no significa renunciar o desear un cambio de cualquier tipo en nuestra vida. Simplemente es pararse firme sobre el terreno en el que te encuentras hoy, reconocerte y ubicarte con un globito dentro del mapa de tu vida, a manera del servicio de UberTwitter, y apreciar lo que ya tienes.

Al mismo tiempo, al ser paciente y buscar enfocar tu atención y energía en aquello que te apasiona y te hace vibrar podrás darte cuenta de que lo que requerimos para recuperar el foco y el sentido de plenitud, no es algo que venga del exterior, no es algo que alguien nos pueda dar: surge de nosotros, de aceptar que es normal sentirse fuera de foco de vez en cuando y que esto es algo transitorio.

Las preguntas clave para superar el momento son: ¿qué es lo que esta sensación incómoda me quiere enseñar? y ¿qué necesito hacer? Con esta perspectiva las cosas poco a poco comenzarán a alinearse.

Conéctate con el valor de la vida

La vida es como un cerillo

Mateo, de dos años y con la energía de un niño feliz, brinca desde la orilla de la alberca y se sumerge en el agua una y mil veces, sin parar. Se siente muy seguro y confiado gracias a los *flotis* que su mamá le colocó a regañadientes en los brazos.

Al preparar su siguiente salto al agua, más rápido de lo que pude reaccionar, se quitó uno de los flotadores —decidió que le estorbaba— y lo aventó fuera de la alberca. ¡Splash!, se lanzó como siempre, sólo que sintió la angustiosa realidad de hundirse sorpresivamente.

Como en cámara lenta mi mente lo registró y lo saqué tan rápido como pude. Segundos eternos en los que los dos aprendimos la lección. Mateo sobre la utilidad de esos aditamentos que creía una necedad; y la abuela, sobre la fragilidad de la vida.

Así somos los humanos. Cuando crees que vas a vivir eternamente es cuando cometes tonterías. Necesitamos que la vida nos quite un flotador para, entonces sí, apreciarla. Irónicamente requerimos de las crisis y la fricción, necesitamos sentir el hundimiento, el vacío y tener algún tipo de disonancia, de dolor, porque, paradójicamente, es lo que nos abre a la vida.

Ciertamente, si estuviéramos en el paraíso, no nos moveríamos nunca. Cuando sientes que te hundes —si algo tiene de positivo— suena la campana para que el alma se manifieste.

La mayoría de los que llegamos a los cuarenta, o ya los pasamos, nos hemos tambaleado en algún momento: en el trabajo, la relación de pareja, algún problema de salud, alguna pérdida, un problema con un hijo, algún tipo de adicción o lo que sea, es parte de la vida.

Cuando pasas por una crisis ineludible, como por ejemplo, la de la mitad de la vida, una de las cosas que más te pega es darte cuenta de que eres mortal, de que has llegado a la cima de tu edad biológica y que, te guste o no, comienza el mediodía de tu existencia. Y al igual que Mateo, sientes que te quitan un flotador. La vida te da un aviso para que la vivas y la disfrutes con intensidad, porque pronto se puede terminar.

Nietzsche, el filósofo alemán, tenía un concepto de la vida y la muerte que es profundo e inspirador, decía al respecto:

"La vida no es una mujer seductora que viene a buscarte; la vida es una mujer que te grita que luches por ser digno de ella. Si no la buscas, jamás te encontrarás con ella. Tienes que trabajar dignamente para que esta mujer, que es la vida, te conceda un momento. Y ese momento que te concede es tu vida. Trabaja por ella, gánatela y cuando lo hayas hecho, entonces la vida aceptará que eres digno de ella y te dará un momento."

Así es, y en ese breve momento que la vida nos da, de alguna manera, alrededor de los cuarenta años, te doblas ante lo implacable del paso del tiempo. Ahora sí, en cada cumpleaños, festejas vivir un año más y, al mismo tiempo, sientes el pellizco en el estómago porque sabes que significa vivir un año menos.

Este punto de quiebre nos ofrece dos lecturas: la primera es la de la pérdida en varios de sus niveles: pérdida de energía, del gozo de la irresponsabilidad, de los desvelos sin consecuencia o de la urgencia por construir un futuro. La segunda es la lectura de una ganancia: un despertar en la mirada que aprecia el mundo de diferente manera y disfruta la belleza del instante, de lo simple; te das cuenta de que lo que antes te deslumbraba no es en realidad lo que te hace feliz, y de que el momento para ser la mejor versión de ti mismo es ahora.

Cuando te quedas sólo con la primera visión es muy probable que la amargura te invada, o lo que es lo mismo, que la vida te quite el otro flotador y te sientas muerto en vida. Nuevamente, como dijo Nietzsche: "Eres igual que un cerillo, para que puedas vivir tienes que consumirte."

¡Vive tu vida! Siéntela, lánzate, disfrútate, equivócate pero apasiónate por ella. A ese consumirnos constantemente es a lo que llamamos vida. Qué absurdo se vuelve el hecho de que sólo cuando le damos valor a la muerte, le damos valor a la vida.

Es por eso que pasados los cuarenta años, la vida toma un sentido maravilloso, pero cómo vivirla es nuestra opción.

Cuando crees que vas a vivir para siempre es cuando cometes tonterías.

Comparto contigo una historia que para mí ha sido una gran lección, puede ser un ejemplo de muchas historias en las que creemos tener la vida asegurada.

> Carmen fue una mujer casada, tiene cuatro hijos ahora adultos, a los cuales les dedicó toda su vida. Como su situación económica era difícil, por las mañanas trabajaba como contadora de medio tiempo, y entre atender a su esposo, sus hijos y su trabajo, el tiempo nunca le alcanzaba. Así pasaron cuarenta años de su vida, "jale y jale", como ella decía.
>
> Un día, ciertos síntomas de enfermedad la llevaron a consultar a un doctor. Después de una batería de análisis, Carmen escuchó el diagnóstico: "Tiene cáncer de páncreas, y entre seis y ocho meses de vida." En ese momento, ella se dio cuenta de que había vivido sin realizar lo que siempre le había gustado: pintar. Fue consciente de lo poco que había frecuentado a sus amigas, de lo poco cariñosa que había sido con la gente que quería, de lo poco que había dedicado a su espiritualidad, y del poco tiempo que le quedaba para hacer todo lo anterior.
>
> Así que Carmen dejó el trabajo y se metió a clases de pintura. Con su grupo se fue unos días a Oaxaca a captar el colorido y la riqueza de ese lugar. A pesar de la enfermedad, irradiaba felicidad. Se dedicaba a frecuentar y retomar sus viejas amistades. Por las mañanas salía a caminar, cosa que

nunca antes hacía. Se convirtió en una mujer cariñosa con todos los suyos, pintaba durante todas las horas que su cuerpo le permitía, con la ilusión de dejar un recuerdo a sus hijos y futuros nietos. En fin, el aviso de la muerte la tomó por los hombros y la sacudió por completo. Provocó que se conectara con el fondo de ella misma, la despertó de ese letargo robotizado en el cual había transcurrido su vida. Lo triste es que el gusto sólo le duró seis meses.

> "Cuando estés en la cama y pienses
> '¿para qué me levanto?', la muerte se acercará
> y la vida surgirá como escarlatina."
> JAIME SABINES

Ignoro el tiempo que a ti y a mí nos queda de vida. Lo cierto es que un día nos iremos; por lo que, cuanto antes, debemos cuestionarnos qué tanto nos hemos conectado con el valor de la vida.

9

Conéctate con tu peor enemigo

La prueba del malvavisco

"El trato es el siguiente: aquí está este malvavisco para ti. Lo puedes comer ahora pero si te esperas quince minutos a que regrese y no te lo comes, te doy otro más. ¿De acuerdo?" Esto le dice una maestra a un niño sentado en una silla, en un cuarto vacío y frente a una mesa con un plato y un malvavisco.

Cuando la maestra sale del cuarto, como podemos observar en el video disponible en YouTube, grabado con una cámara escondida, son asombrosas las reacciones de diferentes niños de entre cuatro y seis años de edad. Este famoso experimento fue realizado en los años setenta por el psicólogo Walter Mischel, de la Universidad de Stanford.

Las actitudes de los niños son simplemente maravillosas. Unos se tapan los ojos para resistir la tentación, tocan el malvavisco, lo besan, lo huelen, lo acarician como si fuera un animalito de peluche, otros lo prueban con un dedo, le dan pequeños mordiscos por debajo para que no se note, simulan que lo muerden... Muy pocos se lo comieron tan pronto salió la maestra.

Desde entonces el experimento se ha repetido muchas veces, y se considera uno de los más exitosos sobre el comportamiento humano. El propósito de éste era estudiar la reacción ante la gratificación diferida, el autocontrol o la habilidad para esperar algo que uno desea, y comprobar si dicha habilidad tiene o no influencia en el éxito futuro de cada participante. Por cierto, Daniel Goleman sugiere esas cualidades como factores importantes de la inteligencia emocional.

Mientras que pocos niños se comieron el malvavisco de inmediato, de los más de 600 participantes en el experimento, incluidos adultos, sólo un tercio pudo postergar la gratificación lo suficiente para obtener el segundo malvavisco. Lo que confirmó la hipótesis de que la edad sí afecta al autocontrol.

Lo que sorprendió a Mischel fue la inesperada correlación entre los resultados del experimento y el éxito de los niños muchos años después. El primer seguimiento que se les dio en 1988 después de diez años de realizado mostró que "aquellos niños que postergaron la gratificación eran adolescentes cuyos padres los describían como notoriamente más competitivos". El segundo seguimiento hecho veinte años después mostró que aquellos eran socialmente más competentes y con mayor éxito académico que el resto de los niños impulsivos, quienes tenían baja autoestima y poca tolerancia a la frustración en general.

La tentación no sólo es un asunto de niños

Como adultos nos enfrentamos a diferentes toma de decisiones inmediatas e impulsivas, sin pensar en las consecuencias, como las siguientes:

- Sabemos que hacer ejercicio mejora nuestra salud y sin embargo no lo hacemos o somos poco constantes, "si falto hoy no pasa nada". Nuestro cuerpo comodino se convence de inmediato.

- Sabemos que consumir comida chatarra no es sano, pero a la hora de platicar con los amigos nos metemos puños de papas fritas a la boca de manera automática. Una vez no pasa nada, ¿cierto?

- Sabemos que hay que ahorrar aunque sea un poco, para nuestro futuro o el de nuestros hijos, pero comprar esto en este momento es más divertido.

- Sabemos que pasar tiempo de calidad con la familia y los amigos es vital para nuestro bienestar, pero a la hora de las presiones en el trabajo, el tiempo vuela y ¡no alcanza!

¿Qué diferencia hay entre nosotros y los niños de la prueba del malvavisco? Ninguna.

"Bueno, y ¿ahora qué hago?"

Cambiar un hábito "es pelear contra uno de los sistemas neurológicos más fundamentales del cerebro", afirma la doctora Nora Volkow del National Institute on Drug Abuse.

Sólo que cambiar un hábito no es como cambiarte de ropa; es más parecido a aprender un idioma. Se necesita estar decidido y repetir el nuevo hábito al menos durante tres semanas para que la conducta se haga automática.

"El secreto es pensar en recompensas", dice Volkow. Por ejemplo, si después de hacer ejercicio o comer sano te das un pequeño premio como comerte un chocolate, darte un masaje o comprarte unos zapatos si cumpliste durante toda la semana, tu cerebro registrará ese gusto y enrolará la práctica al círculo de la dopamina para que la asocies a la experiencia positiva ayudándote a formar un hábito.

Basta tantita duda o falta de convencimiento para que sea muy fácil regresar a la zona cómoda. Además, es importante evitar encontrarte con las cosas o el ambiente que te estimulan para volver a tus viejas costumbres. Como esos factores no desaparecerán, la recompensa del nuevo hábito debe ser más fuerte.

Cuando mi hija mayor anunció que se casaría, la vanidad y el vestido me hicieron bajar cinco kilos de peso. Siempre he estado convencida de que no hay mejor motivador que un evento importante. Antes del anuncio de la boda, me fui acomodando en la siguiente talla sin darme cuenta. Sin embargo, comencé a monitorear lo que comía y a alejarme de los placeres inmediatos, aunque en un principio me costó mucho trabajo, poco a poco comencé a recuperar ese olvidado placer que da estar delgada—la gratificación diferida.

El gozo de sentir la ropa floja, que el cinturón no me apretara y acomodarme perfecto en los pantalones, hicieron que recuperara la autoestima, que caminara más erguida, que me gustara verme en los espejos y que psicológicamente me sintiera muy bien. Y para no volver a caer en la tentación de subir de peso, un día llevé a un sastre toda mi ropa para que la ajustara a mi nueva talla. No dejé ni una sola prenda de esas que solía tener en mi clóset "por si engordo". Nada.

Ese gusto por sentirme cómoda dentro de mi cuerpo fue el premio psicológico que estimuló la producción de dopamina —ahora lo comprendo—, y me ayudó a formar nuevos hábitos de ejercicio y alimentación que perduran hasta la fecha.

Sin embargo, es importante que en lo que adquirimos un nuevo hábito, nos enfrentemos al peor de los rivales que a continuación te presento.

La resistencia: el peor de tus enemigos

Todos conocemos a este enemigo, vive dentro de nosotros y por nada en el mundo quiere salir de su pensión gratuita. Para muestra un botón:

¿Alguna vez has comprado algún aparato para hacer ejercicio y el día de hoy se cae de polvo en el rincón más apartado de tu casa? ¿Te has puesto a dieta un lunes, y el miércoles, ante tu plato favorito, la mandas a volar? ¿Te has inscrito a un gimnasio y después de dos meses ya no regresas? ¿Te has zafado de un llamado a participar en alguna causa humanitaria o de enrolarte en algún curso de crecimiento personal, con el pretexto de "no tengo tiempo"? ¿Tu clóset pide a gritos que le des aire para respirar y te deshagas de todo aquello que nunca te pones? ¿Por alguna extraña razón no concretas lo requerido para lanzar tu proyecto, y más tarde, en la noche, visualizas a la persona que podrías llegar a ser o el trabajo que podrías llegar a realizar?

Si contestaste "sí" a cualquiera de las preguntas anteriores, entonces ya conoces al enemigo más grande del ser humano, la fuerza más destructiva del planeta: la resistencia. ¿Su lugar de residencia?: El ego.

La palabra "ego" significaba para los griegos un ser pequeño, separado. Cuando nos identificamos con él, decimos: "Así soy" o "esto es lo que soy", sin percatarnos que es un gran impostor que pretende establecer su propio reino haciéndote creer que no podrás lograr alguna meta. Si vences la resistencia, le quitas la razón de ser al ego; es por eso que hará todo lo posible para que no lo logres.

"No permitas que la mediocridad comience a nacer en ti. Acepta que eres grande y con esa grandeza supera cualquier incidio de mediocridad."
Friedrich Nietzsche

Lo peor es que la resistencia es invisible, no se puede ver, oler, tocar ni oír. Lo único que detectamos es su energía y su gran poder negativo. Su intención es acabarnos, distraernos e impedir que nos conectemos con todo lo que nos hace crecer y sentir bien.

Ceder a los embrujos de la resistencia, como la bautizó Steven Pressfield en su libro *The War of Art*, enferma nuestro espíritu y nos impide aprovechar lo mejor de nosotros mismos. Nos provoca un desasosiego nebuloso cuyo origen, por lo general, no podemos identificar bien.

Pressfield, después de haber librado una batalla personal durante años para escribir una novela, llegó a conocer la resistencia a la perfección, a desmenuzar a este acérrimo enemigo y ahora lo comparte contigo y advierte de su peligro. No importa cuál sea tu campo de acción, ni cuál sea la meta que te has planteado, seguramente has vivido la resistencia y la reconocerás fácilmente.

Estoy convencida de que aunque no escogimos vivir, sí podemos decidir *cómo* vivir, y de que sólo seremos capaces de vencer al enemigo si lo conocemos.

La resistencia es una especie de ente maligno que, como te mencioné, vive en nuestro lado oscuro, se alimenta de la flojera, de la mediocridad, de los pretextos y de todo lo que nos hace sentir menos ante nosotros mismos. Como se alimenta de todo lo anterior y se apodera de nuestro cuerpo, mente y espíritu, su principal objetivo es impedir que nos conectemos con nuestra propia luz y creatividad.

"La resistencia es simplemente la mayor causa de infelicidad en el mundo; más que las enfermedades, la pobreza y hasta que la disfunción eréctil", afirma Pressfield.

Ten en cuenta que la resistencia es muuuy creativa. Está llena de disfraces y recursos para engañarnos. Es seductora como el olor del pan recién horneado, rápida como una bala, aplastante como una locomotora, razona como la mejor de las abogadas y, ¡ojo!, te convence y negocia como la mejor de las vendedoras. "Es que ahorita tengo mucho trabajo." "Es que mis hijos están muy chiquitos." "Es que..." "Es que..."

A continuación comparto contigo algunas de las actividades en las que le encanta aparecer y actúa la resistencia, muy a pesar nuestro o con nuestra complicidad.

EL *TOP TEN* DE ENTRADA EN ESCENA DE LA RESISTENCIA

1. Cuando nace en ti la idea de realizar algo creativo como escribir, pintar, hacer música, cine o bailar.

2. Cuando por tu mente cruza la idea de iniciar una aventura o proyecto.

3. Cuando tomas la decisión de ponerte a dieta.

4. Cuando te llama el deseo de sembrar la semilla del crecimiento espiritual.

5. Cuando te miras al espejo y tu cuerpo te pide a gritos que lo ejercites.

6. Cuando eres consciente de que debes controlar cualquier tipo de adicción.

7. Cuando sientes el deseo de superarte y tomar ese curso, esa clase, ese seminario, idioma o cursar una maestría.

8. Cuando alguien te invita a que te comprometas con una causa social.

9. Cuando te enfrentas a decisiones que cambiarán el rumbo de tu vida, como casarte, tener un hijo o terminar una relación.

10. Cuando necesitas sacar la fuerza moral o ética para tomar una postura personal.

La resistencia se puede vencer. Sólo requiere de dos cosas importantes. Primero, que te veas con ojos de bondad. Decía la madre Teresa que al cielo sólo van dos tipos de personas: las que nunca fallan y las que siempre se levantan. Cada vez que no cumplas con alguna promesa que tú solo te impusiste, date un abrazo, sé consciente de que la resistencia te ha vencido. Lo importante es que no pierdas las ganas de volver a intentar una y otra, y otra vez.

Segundo, recuerdo cuando de niña me incorporé a Las Guías de México, conocidas como Scouts, y nos llevaron un sábado de excursión. A punto de subir una montaña, la jefa de patrulla nos contó lo siguiente:

"Miren niñas, es importante que sepan la diferencia entre 'querer y desear'. Si en verdad quieres subir esa montaña, vuela, si no puedes volar, corre, si no puedes correr, camina. Y si tampoco puedes caminar, sube aunque sea a rastras. Si lo logras, es que en verdad 'querías' conquistar la montaña. Si te vences al primer obstáculo, sólo 'deseabas' hacerlo."

Así que otro ingrediente indispensable para combatir a este ente maligno es de verdad querer el cambio.

En el mundo hay muchas muestras de que se puede vencer la resistencia. Sólo imaginemos que los grandes genios fueron personas que tuvieron que enfrentar numerosas tentaciones y dificultades, problemas e indecisiones, aún así, gracias a su actitud, pudieron vencer la resistencia cuando se les presentó, su triunfo ahora nos permite disfrutar, por ejemplo, la música de Mozart, la pintura de Diego Rivera, obras como *El Quijote* de Cervantes, la voz de Plácido Domingo, las pirámides de Egipto y todos los récords olímpicos que olimpiada tras olimpiada se siguen rompiendo. ¿El secreto? Conocer al enemigo y estar dispuestos a vencerlo a pesar de todo.

"No importa si pierdes o ganas,
lo importante es que no pierdas las ganas."
ROBERTO PÉREZ

Segunda parte

Conéctate con los demás

1

Conéctate con las personas cercanas a ti

El presente de estar presentes

"¡Hola!" "¿Cómo estás?" "Mucho gusto", son frases que forman parte del intercambio de miradas, gestos, sonrisas que por instantes dos personas enviamos y recibimos en un flujo de información que va más allá de lo audible o palpable, y que a primera vista podría parecer trivial, pero que establece la calidad y el tono de cualquier encuentro.

Un segundo es suficiente para transmitir diez mil unidades de información: me caes bien, no tanto, me da gusto verte, no tanto, te admiro, no te admiro y demás. Lo anterior lo hacemos y percibimos de manera consciente e inconsciente. El caso es que todos sentimos la intención, la energía y casi escuchamos lo que la otra persona piensa. Esta información la reprimimos o la ignoramos, pero la huella queda.

Dentro de este marco notamos que hay tres tipos de saludo:

1. **El mecánico**: es cuando saludamos como un mero trámite, estamos distraídos, muy ocupados, atendemos sin atender, mentalmente nos concentramos en otra cosa, vemos "quién llega", esperamos a "alguien más adecuado", "al siguiente".

2. El del ego: en este saludo quien intenta brillar es el propio ego, dice "nótame", "ve qué importante o qué amable soy", "qué bien estoy", "qué poseo", "con quién vengo" y demás. Sólo se tienen ojos y oídos para uno mismo.

3. El del espíritu: este saludo surge del interior, de la conciencia, en él la persona está presente, pendiente del otro, va más allá de las apariencias y mira de frente. Es como el de la tradición zulú que a continuación te narro y que sin palabras te transmite "en verdad celebro verte", "te aprecio", "te admiro", "me interesas".

La mayoría de nosotros a diario tenemos contacto con otro ser humano más de lo que nos damos cuenta; y en cada encuentro hay una oportunidad de dar un saludo desde el espíritu. La cajera del súper, el policía de la entrada que nos pide identificarnos, el que te vende la taza de café, la secretaria que te contesta el teléfono, en fin. Al saludarlos desde el espíritu, contribuimos con una gota a su autoestima, a sentirse validados. Al mismo tiempo, tú recibes el beneficio de sentirte mejor contigo mismo.

El poder de la invocación zulú

Existen algunas tradiciones de culturas milenarias que hoy podríamos calificar como primitivas; sin embargo, si conociéramos su profundo significado, nos daríamos cuenta de que los primitivos somos nosotros. Un ejemplo de ello lo encuentro en el poder de invocación del saludo zulú, practicado por algunas tribus en Sudáfrica.

¿Por qué hablar sobre él? Porque si deseamos mejorar nuestras relaciones bien valdría la pena aprender y tratar de imitar esta antigua costumbre africana que practica el saludo desde y para el espíritu.

Cuando los zulú se saludan, se ven directo a los ojos mientras uno dice *sikhona*, palabra que se traduce como:

> "Estoy aquí para ser visto", a lo cual el otro responde *zawubona*, que significa: "Te vemos." La respuesta es en plural, porque implica que eres visible tanto para mis ojos y mi espíritu, como para mis antepasados y los dioses conectados a otra dimensión de la realidad.
>
> Además, *zawubona* reafirma que, al encontrarnos tú y yo en este mismo tiempo y espacio, el momento tiene que ser relevante; por lo que estamos obligados a investigar nuestro mutuo potencial. ¿Te imaginas saludarte así con la familia, los amigos, los clientes y los compañeros de trabajo?

Este tipo de saludo es un verdadero regalo. Es *el presente de estar presente*. ¡Cómo agradeces cuando alguien te saluda así!, de inmediato tu ser interno siente la honestidad, la conexión, la apertura y la presencia verdadera de la otra persona. Es así que surge la correspondencia, el aprecio, el agradecimiento, el cariño.

Como mencioné al principio de este libro, en India y otros países del medio oriente, el saludo es un arte sagrado. Cuando una persona se encuentra con otra, materialmente se detiene, sonríe, junta las manos a la altura del pecho, la mira profundamente a los ojos y hace una pequeña inclinación al decir "namasté", que en su versión más breve significa: "Honro la luz divina que reside en ti."

El hecho es que creo que todos hemos dado, tanto como recibido, los tres tipos de saludos. Y me pregunto: ¿por qué no intentar estar más presente?

En *Un Curso de Milagros*, hay un párrafo para reflexionar que dice:

> **"Cuando conozcas a alguien,
> recuerda que es un encuentro sagrado.
> Como lo ves, te ves a ti mismo.
> Como lo trates, te tratas a ti mismo.
> Lo que piensas de él, lo piensas de ti mismo.
> Nunca lo olvides, porque en la persona te encuentras
> o te pierdes a ti mismo."**

Cualquiera que sea la energía que envíes al saludar a alguien —positiva o negativa— es producto de una decisión previa que haces en fracciones de segundo, reflejo de una intención. En ese preciso momento es cuando tienes la oportunidad de escoger.

¿Por qué de escoger? Porque la ley de causa y efecto es permanente; recibimos lo que damos. ¿Recuerdas esa antigua "regla de oro"?: "Trata a los demás como te gustaría que te trataran." Sabemos que la vida es como una misteriosa caja negra, todo lo que lanzas, de alguna manera, tarde o temprano —como un *boomerang*—, regresa.

Alguna vez en mi entrenamiento como *coach* en el curso de Happiness Project, tuve la oportunidad de poner en práctica dicho saludo, con el fin de descubrir lo que significa estar verdaderamente presente. Y puedo decir que el impacto va más allá de cualquier superficialidad.

Ubuntu

Para comprender mejor el poder de la invocación zulú, veamos los cuatro momentos de los que está compuesta.

Los momentos del saludo zulú

El primero consiste en verse directamente a los ojos, algo que resulta muy poderoso. La fuerza radica en querer encontrar el alma del otro. La sensación —si bien para algunos puede resultar incómoda por lo poco común que es— provoca una conexión inmediata de las almas.

En el segundo, cuando se dice: "Estoy aquí para ser visto", afirma la intención de habitar el momento con integridad, con el propósito de participar en la vida del otro "sin máscaras", "sin ediciones" ni "defensas". Es como decir: "Este es mi verdadero yo y hablaré con mi verdad."

En el tercero, cuando se da la respuesta "te vemos", tiene lugar una experiencia poderosa tanto para quien la dice como para quien la escucha. Cualquier juicio o prejuicio se deja a un lado y, de acuerdo con los zulú, significa: "Te vemos como la creación de Dios, ambos somos iguales y te respetamos." Por más raro que suene, te puedo asegurar que al ponerlo en práctica se siente una invitación a la apertura y a la autenticidad.

El cuarto momento es el más importante, representa la filosofía africana de ***ubuntu***, que significa, "una persona es persona a través de otras personas".

El reverendo Desmon Tutu describe la filosofía *ubuntu* como "la esencia del ser humano. Habla de alguien que recibe con hospitalidad, calidez, compasión y generosidad al otro. Que está abierto y dispuesto a ser vulnerable. Alguien que no se siente amenazado por la grandeza de alguien más, porque sabe que ésta proviene de una fuerza superior. La cualidad *ubuntu* le da resiliencia a la gente, le permite sobrevivir y surgir como humana a pesar de todos los esfuerzos hechos para deshumanizarla".

Uno de los mejores regalos que podemos dar es estar presentes, conscientes del instante y del privilegio.

> **"Cada vez que conozcas a alguien,**
> **recuerda que está pasando por una gran guerra."**
> **Ralph Waldo Emerson**

Por ello, a través de estas páginas te digo *sikhona*, querido lector...

Cuando yo cambio, cambia todo

Alguna vez tomé un curso con Marianne Williamson en Los Ángeles, California, sobre un tema que siempre había llamado mi atención por la cantidad de veces que leí al respecto, y escuché mencionarlo por distintos autores en referencia a que les había cambiado la vida. Se trata de *Un Curso de Milagros*. Y en realidad es impactante su trascendencia y sabiduría.

Mientras atendía el seminario, tenía la sensación de asomarme a un abismo. Entre todos los cientos de conceptos que aprendí, hubo uno en especial que me pareció muy poderoso porque nos lleva a vivir en el cielo o en el infierno: el del poder de decisión. ¿Cuáles son sus características? Tal y como sucede en un truco de ilusión óptica, en nuestra vida todo depende de la percepción.

> La percepción es como la vista:
> engaña, tima y falsifica.
> El mismo principio se aplica
> a nuestras relaciones.
> Estar o no cada día, cada hora,
> cada instante en el cielo o en el
> infierno es una opción
> y una realidad personal.

Me explico: todos hemos estado frente a enigmáticas imágenes de ilusión óptica. Quizá la más conocida es aquella en que con sólo cambiar un *switch* interno que modifica la percepción, podemos ver el perfil de una joven o la cara de una anciana. Lo cual se debe a un maravilloso y complicado trabajo de interpretación que se lleva a cabo no en la vista, sino en el cerebro, gracias a la información que la retina recibe y envía a nuestra computadora central para ser resuelta de inmediato.

¿Por qué sucede una ilusión óptica?

De acuerdo con Al Sekel, autor de *The Great Book of Optical Illusion*, se debe a alguno o a varios de los siguientes factores:

- Poca información en la imagen para resolver la ambigüedad.
- La imagen viola un límite de lo percibido como "normal".
- Dos o más limitantes diferentes están en conflicto y la escena se puede interpretar de varias formas.

Una ilusión óptica no sólo sucede a nivel visual, sino también al nivel de la vida cotidiana y nuestras relaciones con otras personas. La poca o ambigua información que tienes sobre alguien, o el que algo —a nuestro parecer— viole nuestro "código del deber ser", es suficiente para crear una distorsión en la percepción del observado.

Tajantes para juzgar como somos damos por sentado, sin posibilidad de duda, que una persona es de determinada manera. No importa si se trata de un familiar, un amigo, un compañero de trabajo o una pareja, la mandamos al cielo o al infierno y ahí la dejamos. Independientemente de la realidad, en nuestro imaginario convivimos con la idea que nos formamos de una persona, más que con la persona misma.

Sólo que, ojo, como la ley de causa y efecto impera a cada momento, resulta que cada pensamiento tiene un impacto bioquímico y emocional, ya sea positivo o negativo, en tu cuerpo y en tu mente. Además, las emociones suelen espejearse, es decir, lo que pienso de ti, lo pienso de mí; lo que te hago, lo experimento; si te amo, me amo y si te ataco, me siento atacada; generalmente, lo que no he dado es precisamente lo que me falta.

Sólo cuando en tu interior tomas la decisión de cambiar ese *switch*, puedes ver la parte de luz que todos tenemos y te abres a la posibilidad del amor y la compasión; entonces sucede un fenómeno inexplicable: la otra persona de inmediato baja la guardia también. Eso es lo que *Un Curso de Milagros* llama un *milagro*. La buena intención no es suficiente, tenemos que decidir el ver las cosas de manera diferente.

Por qué no intentarlo, ponerlo en práctica de corazón para comprobar el motivo por el cual *Un Curso de Milagros* le ha cambiado la vida a tanta gente. Cuando yo cambio, cambia todo.

Lo que se atraviesa en el camino

¿Cómo defines el "éxito"?

"Este traje es lo último; el que todos los políticos y altos ejecutivos están usando, señor", le comenta el sastre a su cliente, mientras éste se mira en el espejo. "Y los botones, señor, pueden ser de Prozac, Valium, Xanax o Ritalín, usted manda." Esta caricatura del inglés Randy Glasbergen me hizo reír porque refleja el síndrome de nuestro tiempo.

Sí. En nombre del éxito trabajamos hasta el cansancio y olvidamos que mientras el concepto de éxito sea "ganar", las probabilidades de perder en nuestras relaciones son equiparables. Y claro, como la conciencia reclama, hay que apagar los síntomas, y los fármacos son lo más recurrente.

Por eso propongo que te plantees la siguiente pregunta y la tengas muy clara, ya que impactará todas las decisiones de tu vida: "¿Qué es para mí el éxito?" Las definiciones más comunes son "hacer dinero", "encontrar el amor", "alcanzar la iluminación" o "ser feliz". ¿Tú qué opinas? Cuando alguien percibe obsesivamente el éxito como "ganancia", se reprende a sí mismo en silencio por no ser *suficientemente* exitoso. ¿La razón? Recordemos que el ego es insaciable. Es una ilusión pensar que el día que uno diga "ya la hice" se silenciará a los demonios internos.

Mi integridad. Mi falta de integridad, afecta a una familia, a una empresa o a un país.

Dices que tu familia es lo más importante en tu vida, aunque en el día a día la realidad es otra. Sería bueno detenerte y reflexionar en nombre del éxito: ¿cuántas historias estás dispuesto a dejar de leerles a tus hijos? ¿Cuántas citas íntimas con tu pareja estás dispuesto a cancelar? ¿Cuántas reuniones con tus amigos? ¿Cuántas comidas en familia? La cuestión económica es importante, pero también lo es la emocional, la espiritual. Una pareja, una familia, necesita convivir, crear lazos para no desintegrarse.

> **El monstruo que se consume a sí mismo**
> En un mito griego, recuperado por Ovidio, aparece un mercader de madera muy rico llamado Erisychthon, digámosle Eris. Eris era muy ambicioso; no había nada sagrado para él y sólo pensaba en ganar. En sus terrenos se encontraba un árbol muy especial y querido por los dioses. En sus ramas prodigiosas los fieles amarraban sus oraciones y alrededor de su magnífico tronco los espíritus sagrados danzaban. A Eris esto no le importaba nada. Un día lo vio, calculó la cantidad de madera que podría obtener y tomó su hacha para cortarlo. A pesar de todas las protestas, serruchó el árbol hasta acabar con él y con toda la vida divina que lo habitaba. Entonces uno de los dioses maldijo a Eris por su ambición: a partir de ese día a Eris lo consumiría un hambre insaciable. Así, pronto comió todo lo que tenía almacenado; cuando sus reservas se terminaron, cambió sus riquezas por alimentos. Insatisfecho, devoró a su esposa e hijos. Al final, a Eris no le quedó más que su propia carne y se comió a sí mismo.

Erisychthon, dice Danah Zohar coautor del libro *Spiritual Capital,* es el símbolo perfecto del hombre puramente económico. Los autores afirman que una vida así, o una manera de hacer negocios así, no es sustentable; al contrario, es símbolo de la autodestrucción no sólo de sí mismo, sino de los negocios y de la cultura completa. Y proponen un nuevo paradigma: el del capital espiritual. Éste contempla crear ganancias —incluso mayores— pero que agreguen a la riqueza del espíritu y en general al bienestar del ser humano.

Hay muchas personas llamadas "exitosas" que no pueden disfrutar de su éxito.

El verdadero éxito no tiene que costarte la alegría, la salud, las relaciones o la vida. El verdadero éxito es tener la inteligencia para disfrutar de estas cosas sin que "ganar" sea la prioridad.

Quizá el día que lo aprendamos, no necesitemos de los fármacos para aquietar la conciencia.

¡A vivir!

Imposible no notarlo. Un viernes por la tarde en un restaurante, una familia convive de la siguiente manera en una mesa cercana a la nuestra: el papá estaba conectado a su Blackberry como si se tratara de una extensión de su mano y fuera un elemento indispensable para comer. La hija adolescente (de unos 17 años) metida en su mundo con una sonrisa en los labios, enviaba con asombrosa velocidad mensajes de texto a dos pulgares desde su celular; estoy segura de que nunca se percató de la compañía. El niño (de unos once años) hipnotizado con su Game Boy parecía desaparecer del planeta Tierra y transportarse a alguna competencia en un planeta virtual. Y la mamá, a ratos veía al infinito, hasta que aburrida, se pegaba otro aparato a la oreja y, como el resto de su familia, procuraba conectarse con alguien "allá afuera". "¡Qué gran comunicación entre ellos!", pensé.

Esta escena es cada día más típica en el paisaje urbano. Lo sé porque la he vivido y trato de evitarla. Estar conectados a un medio electrónico de comunicación es una adicción tan fuerte que nos hace creer que es un mal necesario: "Necesito saber en este instante qué pasa en el resto del mundo", sobre asuntos de trabajo, noticias, redes sociales y demás. Esta falsa necesidad comienza como un inocente pasatiempo, para convertirse paulatinamente en una costumbre y después en una adicción, tal como la nicotina lo es para el fumador.

Sin embargo, esa tarde al ver a la familia, me dieron ganas de sacudir a cada uno de sus integrantes y transmitirles lo que Odín Dupeyron nos invita a hacer a gritos en cada función de su monólogo teatral *¡A vivir!* (por cierto, una maravilla de obra).

Tú, papá: ¡a vivir!, conéctate con esos niños que hoy tienes sentados a la mesa, mañana preferirán estar con sus amigos o respectivos novios. ¿Ya sabes qué les inquieta? ¿Con qué sueñan? ¿Qué quieren ser de grandes? Pronto quizá se vayan a estudiar fuera, decidan irse a vivir solos o a probar suerte con una pareja. La vida se va, se va, se va y se acaba, señores.

Tú, mamá: ¡a vivir!, aprovecha esos momentos de oro para platicar con tu familia y comunicarte de corazón a corazón, platícales sobre el libro que estás leyendo, sobre la película que acabas de ver, sobre lo importante que es tener amigos, o bien, sobre lo que más te gusta y te reta de tu trabajo. Platica con ellos como la persona normal que eres, no como ese agente de tránsito que tus hijos a diario ven en ti: "¿A dónde vas?" "¿Con quién vas?" "¿A qué hora llegas?" "¡Qué horas son éstas de llegar!" "¿Ya hiciste la tarea?" ¿Crees que con ese nivel de comunicación buscarán estar contigo?

Ustedes niños: ¡a vivir!, que no siempre tendrán a sus papás disponibles y junto a ustedes. ¡Aprovéchenlos! Pregunten todo lo que les inquieta de la vida, averigüen cómo se conocieron, qué les enamoró del otro, qué peripecias han pasado para tener la casa en la que viven... Investiguen un poco más acerca de la vida de sus abuelos. ¡Conéctense!, les aseguro que no saben casi nada de ellos y que están llenos de anécdotas interesantes y divertidas. Si esto les parece aburrido, entonces platíquenles cómo funcionan las redes sociales y por qué son tan importantes para ustedes.

¡A vivir! Estar conectados a la tecnología quizá nos da la sensación de estar actualizados, tener conocimiento de los hechos y un sentido de pertenencia; pero si bien es una posibilidad maravillosa, todo tiene un tiempo y un lugar. Tener a las personas que quieres junto a ti es un lujo. Créanme, lo que hoy consideran que será para siempre no lo es. Cuando se levanten de la mesa, el momento y la oportunidad de comunicarse entre ustedes se habrá ido, ¿volverá? Nadie lo sabe.

> **"El individualismo está rompiendo el tejido social."**
> **Federico Reyes Heróles**

Temor al tiempo libre

Sabemos muy bien que el exceso de trabajo y la exposición prolongada al estrés nos enferma y reduce nuestra efectividad. Lo irónico es que quienes somos adictos al trabajo tememos al tiempo libre, nos sentimos ansiosos o culpables cuando intentamos relajarnos, por lo que con frecuencia "no estamos totalmente" en ningún lugar. Ignoro si la razón es algún tipo de prejuicio que cargamos desde la infancia, el cual consiste en

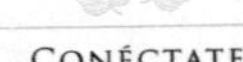

ver mal a quien descansa. Es así que muchas personas llevan su cuerpo, por ejemplo, a una vacación mientras su mente permanece enrolada en asuntos de trabajo que los mantienen en un contacto permanente con su oficina para ver si "no se ha ofrecido algo". Se aseguran de dejarle el teléfono a su secretaria, o bien, enganchan su celular al resorte del traje de baño para estar ilocalizables! Otros empacan su *laptop,* antes que cualquier otra cosa, para así leer sus *mails* y llevan consigo libros con tema de trabajo o papeles y asuntos que quedaron por resolver.

Quiero estar solo

¿Alguna vez has sentido la necesidad de soledad? Valeria se queja de que Jorge, su esposo, lo primero que hace al llegar del trabajo es ponerse los audífonos para grabar su música y se desentiende de ella, de su familia y del mundo. En cuanto a defender su espacio, se refiere, es inflexible. Para él, como para muchos, esto es una manera de relajarse, de ausentarse del mundo, y lo disfruta enormemente. Pero se percibe también como una barda para protegerse de una posible invasión.

> **"Mientras la relación en el cuerpo a cuerpo siga debilitándose, la relación a distancia, máscara a máscara, aumenta y prolifera."**
> **Vicente Verdú**

Cocooning

Faith Popcorn, la analista de futuras tendencias, en su libro *The Popcorn Report: The Future of Your Company, Your World, Your*

Life (*El reporte palomitas de maíz: el futuro de tu compañía, tu mundo, tu vida*), acuñó el término *cocooning* a fines de los años noventa para describir el impulso a protegernos de una sociedad cada vez más contaminada, insegura y demandante que nos rebasa. La expresión —cuya traducción podría ser "enclaustrarse", "aislarte de la sociedad"— tuvo tal impacto, que actualmente se encuentra en los diccionarios.

Desconectarte del mundo es necesario y sano. Hacer una pausa para cargar la pila, renovarte o simplemente disfrutar el momento te ayuda a bajar el ritmo y reconocerte, lo cual se traduce en una reconexión contigo mismo para relacionarte de una manera más profunda y honesta con tus seres queridos. Cuando estamos estresados tenemos mil cosas en la mente: una decisión importante que tomar, los hechos de un día difícil o una decepción que tuvimos, por lo que lo último que se nos antoja es salir con amigos, ser entretenidos y mantener una conversación interesante. Por el contrario, lo único que deseamos es hacernos una lobotomía o meternos dentro de un búnker a hibernar.

El *cocooning* puede implicar un tiempo de calidad para nosotros si lo practicamos de vez en cuando —y aquí la clave es *de vez en cuando*—; pero se torna nocivo si se vuelve frecuente o se convierte en un estilo de vida basado en una estrategia separatista.

Faith Popcorn sugiere que el *cocooning* se puede dividir en tres diferentes tipos.

Los tres diferentes tipos de *cocooning*

1. *Cocoon* sociable es cuando te retiras a tu cueva, a la privacidad de tu hogar, ves la televisión y te conectas sólo y muy ocasionalmente con determinadas personas. Instalas una contestadora de teléfono, te comunicas o compras por internet, o bien, te enchufas a unos audífonos. Descargas de la red o rentas películas en lugar de ir al cine. Prefieres comer o cenar en casa que salir a un restaurante. Ignoras correos electrónicos, SMS o no prendes el chat. Los dispositivos de telecomunicación han facilitado el *cocooning*, pues han creado una nueva forma de socializar en la que se interactúa desde un aislamiento físico.

2. Cocoon blindado es cuando estableces una barrera constante para protegerte emocional y físicamente de amenazas externas. Como cuando instalas en la casa u oficina candados, cámaras, sistemas de seguridad o tienes perros guardianes.

3. *Cocoon* ambulante es cuando ya sea que camines, corras o viajes te retraes a un mundo privado de pensamientos y música, conectado a tu iPod o MP3, para aislarte de tu entorno y no convivir con las personas que se encuentran a tu alrededor, como si éstas no existieran. O bien, te escondes en el coche con comida para llevar y con el celular. Quienes practican este tipo de *cocooning* se desconectan del mundo exterior y les gusta la vida solitaria.

En las relaciones personales, el aislamiento se puede percibir como rechazo personal, falta de interés y desconexión emocional. El mensaje que se lanza a los demás es el de ser poco amigable o peligroso. Además hace sentir al otro que no es bienvenido o valioso. Esto te puede parecer completamente irrelevante si es que buscas una vida de asceta, pero a la larga puede tener consecuencias negativas en tu vida.

Los seres humanos por naturaleza somos sociables y necesitamos de los demás para lograr estabilidad mental y emocional.

La mayoría de nosotros alguna vez nos hemos desconectado para practicar el *cocooning*, pero te invito a reflexionar a qué grado lo haces diariamente sin darte cuenta. Si lo hacemos consciente quizá podamos valorar qué tanto nos perjudica o qué tanto nos ayuda a estar mejor.

¿Demasiado independiente?

"Me arrepiento de haber formado unos hijos tan independientes. Los tres son muy exitosos y estoy orgullosa de ellos; uno vive en Nueva York, otra es investigadora de la UNAM y la más chica estudia en el Colegio de México y vive sola. Pero te puedo decir, Gaby —me confió una amiga mientras daba sorbos a su café— que ninguno de los tres se preocupa por llamarme y ver cómo estoy. Ni se acuerdan de que existo. Saben que estoy divorciada, que vivo sola, mas nunca me procuran. Ni modo, eso es lo que les inculqué; pero creo que se me pasó la mano." Las palabras de mi amiga me dejaron pensando.

Que nuestros hijos no dependan de nadie para salir adelante, por lo general, es a lo que todos los padres aspiramos.

Sí, crecimos en una sociedad en donde nos grabaron el concepto "independencia" como símbolo del éxito. Nos enseñaron a respetar a todo aquel que encarne la imagen de la autodeterminación y la autosuficiencia. Es algo digno de admiración cuando decimos que alguien se "independizó", como el joven que ya se vale por sí mismo y deja la casa paterna; cuando ponemos un negocio por nuestra cuenta; o bien, cuando festejamos el día de la independencia de nuestro país.

Es por esta idea que nos aplaudieron la primera vez que caminamos solos, nos vestimos solos, anduvimos en bici solos y demás; incluso el que los niños digan "lo hice solito" es motivo de festejo. Y está bien, eso sin duda reforzó nuestra confianza y fortaleza.

Ciertamente, ser autosuficiente es el resultado de haber reunido valor y coraje, estimula nuestra autodisciplina y resiliencia personal. No obstante, esto es sólo una parte de la imagen, no representa la foto completa.

Así como la independencia es un triunfo, cada relación es también una tarea de crecimiento personal.

La sombra de la independencia

Cualquier cualidad, incluso la "independencia", llevada al extremo, se transforma en algo negativo y causa tantos problemas como la dependencia misma.

Las cualidades que atribuimos a una persona independiente son las de ser trabajadora, original, auténtica, emprendedora, tenaz, libre, ambiciosa, líder, asertiva, con alta autoestima. Sin embargo, llevadas al extremo estas cualidades se pueden convertir en sombra; la persona se vuelve narcisista, ególatra, egoísta, anárquica, muy competitiva, soberbia, inflexible, aislada, tramposa, arrogante, con complejo de superioridad. "My way or the highway" ("A mi manera") como dirían los vecinos del norte.

"La persona demasiado independiente puede darle un valor muy alto a su carrera profesional, al dinero, al éxito, al reconocimiento; mientras su familia, los amigos y algún *hobbie* son los puntos al final de la línea. Al vivir con estas prioridades, esta persona puede conseguir el éxito y el reconocimiento que anhela, pero quizá no pueda disfrutarlo porque no tiene con quién hacerlo de una manera significativa", nos dice el doctor John Pierrakos en su libro *Core Energetics.*

Una característica muy común en la persona disfuncionalmente independiente es que todo lo ve como una competencia; lo cual puede ser bueno en algunas ocasiones, mas no en todas. Su concepto de "éxito" se define sólo en términos de ganar "algo", como una venta, un puesto, reconocimiento o influencia en las personas. Sin embargo, suele perder en términos de relaciones, pareja y familia. Es negociadora, por lo que no sabe conectarse de manera genuina con el otro. Rara vez pide perdón o llora porque estas acciones le parecen una muestra de debilidad; es difícil conocerla a fondo porque tiende a mantener una fachada permanente.

Observa: si te encuentras exhausto o sientes que estás en un callejón sin salida, quizá es señal de que estás siendo demasiado independiente.

No perdamos el eje. Toda persona que llega al éxito es porque tuvo a alguien que creyó en ella y le ayudó. Ojalá lo sepamos

transmitir. Aquello de que "nadie es tan grande para independizarse de los demás", es cierto.

Conéctate con el otro, pero ojo con el exceso

Si bien estoy convencida de que, sin importar el tipo o tamaño del problema que se nos presente, la forma segura de encontrarle alivio o solución es conectarte en alguno de los tres planos —o en los tres—; también es importante tener en cuenta las cosas que se atraviesan en el camino.

Una de ellas es, sin duda —como en todo—, el exceso al momento de conectarnos con los otros. La frase "sin ti, no vivo" expresa muy bien esa forma insana de ligarnos con alguien: cuando dependemos *emocionalmente* de una persona, nos convertimos en codependientes. En este caso lo que se conecta no son esos seres de luz que cada cual posee en su interior; lo que se conectan son los egos desde la carencia.

¿Qué es la codependencia?

> **¿Buscas ser indispensable para alguien?**
> **¿Disfrutas tanto estar tan preocupado**
> **y absorto en tratar de proteger,**
> **cuidar, rescatar, salvar o curar a otra persona**
> **que en el camino olvidas tus propios**
> **problemas, tu propio bienestar emocional?**

Seguramente al hacerte estas preguntas automáticamente piensas en una relación de pareja, pero la codependencia no se produce exclusivamente en ella, puede darse en cualquier tipo de lazo emocional, ya sea entre hijos, padres u otros familiares, ¡incluso en al ámbito laboral!

Es importante comprender que la codependencia es una enfermedad del alma. Sus síntomas son dolorosos y progresivos. Un codependiente busca ser indispensable para el otro, pero es una forma asfixiante y poco sana de vivir una relación.

Cuando estableces un vínculo codependiente, constantemente se produce un daño emocional al cual, en cierto sentido, te hace adicto. La manera de relacionarnos con la persona de la que somos codependientes genera sustancias químicas en el cuerpo, como es la adrenalina, que produce una elevación de nuestra energía y nos brinda sensaciones intensas, lo cual, a la larga, genera adicción. La causa: una forma equivocada de amar y de dar y recibir afecto.

Cuando estás en una relación codependiente, por lo general, no eres consciente de ello. Eres capaz de dejar a un lado tus propias creencias, decisiones y valores, porque tus planes y sueños dependen de esa persona sobre la que vuelcas toda tu atención. Vives y te nutres a través de *su* vida y olvidas lo que *tú* quieres, incluso quién eres.

Quizá, como muchos de nosotros, ignoras que este tipo de "ayuda", lejos de salvar a la persona, lesiona y perjudica al "ayudador" y al ayudado. ¿Por qué? Porque de manera inconsciente buscas elevar tu autoestima al resolver los problemas del otro y "aliviar" su dolor. Y tratas obsesivamente de controlar todo lo que él o ella hacen. Porque, aunque es difícil de reconocer, en el fondo obtienes ganancias secundarias.

Cuando dependes emocionalmente de otra persona para tomar una decisión, para elegir, para decidir, para iniciar cualquier tipo de proyecto, cuando no sabes decir sí o no, cuando no sabes realmente defender tu postura ante la vida y ante el

mundo, cuando no eres asertivo; entras en una relación de dependencia emocional.

> "Cuando dependo de ti, no elijo estar contigo, simplemente estoy porque te necesito." Es en ese momento cuando se genera un vínculo totalmente patológico.

La codependencia se adquiere por contagio, por supervivencia o por imitación. Suele darse en personas que han vivido largo tiempo en una relación directa e íntima con alguien que probablemente tiene conductas dañinas, como adicciones al alcohol, al sexo, al trabajo, a la comida, al juego, o incurre en violencia física o psicológica. A veces sucede hasta en el cuidado —mal manejado— de una persona con una enfermedad crónica.

Casos de codependencia

Caso 1. Tu pareja es infiel contigo, o sólo piensas que te es infiel, así que tratas de controlar todos sus actos y te conviertes en un espía permanente. Revisas su celular, correos electrónicos, cuentas pagadas, en fin.

Caso 2. Vives con una persona irresponsable que no trabaja, que no sostiene la casa y tratas de animarla y rescatarla a través de tu esfuerzo. Incluso le buscas trabajo y te niegas a ver la realidad.

Caso 3. Tienes un hijo rebelde que, según sospechas o puedes constatar, es adicto al alcohol, a la comida o a alguna droga. Tu foco de atención está durante las 24 horas del día en lo que hace o deja de hacer. "Ya no tomes", "¿Cuánto tomaste?", le preguntas constantemente y observas cada copa que se lleva a la boca. Te angustias al pensar que eres la persona que puede controlar esa adicción. Como no lo logras, te enojas, te preocupas, te angustias, tienes resentimiento y te enfermas con él.

Es sano intentar ayudar a nuestros seres queridos, pero hasta el punto en el que no nos hundan. Asimismo, al tratar con una persona con este padecimiento, date cuenta de que no es su culpa. Los estudios muestran que las personas codependientes por lo general vivieron en una familia disfuncional en la que existió abuso de algún tipo, ya sea psicológico, de autoridad, económico o sexual. En su entorno probablemente hubo problemas de comunicación, de congruencia y poca o nula libertad de expresión. Quizá constantemente escuchó frases del tipo: "De eso en esta casa no se habla." "Aquí no pasa nada." "No seas quien eres." "Tú debes agradarle a la gente", y demás.

Está bien, soy codependiente, ¿y ahora?

Primero, date un abrazo, conéctate contigo, acéptate y reconoce que padeces esta enfermedad del alma. Que tu recuperación sea tu prioridad; para ello busca ayuda profesional (las terapias de grupo también son un gran alivio). Aprende a quererte, a respetarte; permítete sentir y pensar: "¿Qué quiero *yo*?" Ama de manera desprendida, pero ponte límites en el constante dar y preocuparte por el otro. Desarrolla tu espiritualidad. Encuentra tu sentido de la vida, tu misión. Recuerda que "amar no significa sufrir", y deja que ese alguien se haga responsable de su vida.

Suelta el control, la manipulación y, lo más importante: asume la responsabilidad de tu vida.

Cuando, con mucha paciencia y compasión, logres lo anterior, te darás cuenta de que ya no se trata de un "te quiero para que me quieras", sino de un:

"Te quiero porque me quiero,
y por eso me quieres."

Compasión: un tema pasado de moda

Quizá lo que nos falta a los seres humanos hoy es un poco de compasión. ¿Es algo que hemos dejado de sentir debido a tanta tragedia que a diario escuchamos? ¿Nos hemos acostumbrado? ¿Nos hemos hecho insensibles?

¿Cómo hablar de la compasión? Es un tema pasado de moda y cursi. A nadie le interesa. Nuestro enfoque está en otras direcciones, "mejor escribe sobre cualquier otro tema más taquillero", me dice una voz dentro de mí.

Sin embargo, recuerdo una definición que me encantó, dada en alguna clase por mi querido amigo y maestro Germán Dehesa, de quien aprendí tanto: "Compasión es hacer tuya la pasión del otro." Suena bien, ¿no? Pero, ¿por qué pocas veces la sentimos? ¿O la sentimos unas veces sí y otras no?

Al respecto, se realizó un experimento en el seminario de teología de la Universidad de Princeton, en el que se le pidió a un grupo de alumnos que, a manera de ensayo, impartieran en otro edificio del campus una plática sobre la parábola del buen samaritano, la que narra la historia de un hombre que se detuvo en el camino para ayudar al necesitado. Lo curioso es que al salir del edificio, cada uno de ellos pasó frente a un hombre doblado que claramente padecía un dolor agudo. ¿Alguno se paró a ayudarlo? No. ¿Les afectó? Tampoco. Ese es el predicamento en nuestras vidas, dice Daniel Goleman. Lo que sucede es que, al estar absortos, con prisa y con la atención puesta en varias cosas a la vez, no somos empáticos con el sufrimiento del otro.

Por otro lado, me tranquiliza saber que una conocida rabino como Jackie Tabick predica que, en efecto, hay que tratar de entender la pena del otro y ayudarlo, pero hay límites. Hay que tener compasión de manera que podamos ayudar sin tomar toda la responsabilidad; entender nuestro nivel de energía, nuestra situación y encontrar el propio equilibrio sin sentir culpa. Sin embargo, hay que actuar, practicar la compasión en el día a día. Si te das cuenta, el sólo hecho de apagar la computadora, el celular y demás dispositivos electrónicos, para prestarle atención al otro, es una forma de empezar, de conectarnos.

Por ejemplo, cuando conoces a una persona, ¿te has percatado de cuánto tiempo tardas en hacerle una pregunta que contenga la palabra "tú"? Sí, un simple "¿Tú cómo estás? ¿Cómo te sientes? ¿Cómo vas?"

Te invito a que hagamos juntos un esfuerzo para conectarnos con los seres cercanos y evitemos que este tema de la compasión se vuelva tan pasado de moda que ya nadie se acuerde de él.

> "Sólo cuando estoy dispuesto
> a ver con ojos de compasión
> al otro, podré tener compasión
> conmigo mismo."
> Marianne Williamson

¿Eres "nomofóbico"?

Al salir de una complicada operación de la columna vertebral, los camilleros lo cargaron con todo cuidado para pasarlo de la camilla a su cama. Su cuerpo todavía no tocaba las sábanas, cuando Joaquín, con voz pegajosa —producto de las tres horas de anestesia—, pronunció la siguiente frase: "¿Me pasas mi celular?"; como pudo lo encendió y empezó a girar la bolita de su Blackberry.

Para Joaquín cuatro horas fueron una tortura, no por los riesgos ni los trastornos que la operación implicó, sino porque estuvo alejado del mundo, de internet, de las noticias, de su trabajo, de sus *mails*, de los mensajes de texto, de Twitter y demás dependencias provocadas por el *gadget* indispensable de hoy: el celular.

Este cuadro que presencié es evidencia de uno de los síntomas que delatan a una aflicción peculiar del siglo XXI denominada "nomofobia", padecida por más de cincuenta por ciento de los usuarios de telefonía celular —de acuerdo con los estudios, la mayoría son hombres.

Nomofobia es el miedo a quedarse sin contacto vía celular. El término se debe a un anglicismo que abrevia: "*No-mobile phone phobia*", acuñado durante un estudio solicitado por la UK Post Office y realizado por YouGov, una base de investigación británica, para determinar los tipos de ansiedad que padecen los usuarios del pequeño aparato.

El estudio se realizó en el Reino Unido y si bien se interrogó a más de 2,100 personas, los expertos concluyeron que el trastorno lo padecen más de 13 millones de ingleses; y por lo que se puede observar en nuestro acontecer diario, ha tomado los niveles de una pandemia mundial.

Sin importar en qué país nos encontremos, basta observar cómo hombres y mujeres, de todas edades y nivel socioeconómico, chocan o se tropiezan en la calle por caminar distraídos y atrapados en su celular. Ya sea en el dentista, a punto llegar al altar o en medio del mar, las personas estamos con el aparato pegado a la oreja. No podemos salir de casa sin antes palparnos los bolsillos del pantalón, revisar el cinturón o la bolsa, la mochila, el portafolios para asegurarnos de traerlo. En el restaurante, antes de abrir el menú, colocamos al rey de la tecnología portátil en el centro de la mesa, donde compartirá su dominio con otros. En el momento en que el avión toca tierra se escucha una sinfonía producida por los celulares al encenderse. Y para muchos resulta indispensable colocarlo en la mesita de noche, por si acaso.

Causas que desatan la nomofobia

- La poca pila y la imposibilidad de recargarla.
- Una señal que diga: "No celulares."
- Poca intensidad de la señal, marcada en pantalla por las barras.
- Estar en una zona con mala cobertura o sin ella.
- Perder u olvidar el celular.
- *Pensar* en la posibilidad de perder el celular.
- La descompostura del celular.
- Cuando te lo roban o piensas que te lo pueden robar.
- Cualquier situación que impida usar el celular como una misa, una clase, un concierto o un momento con la pareja.
- Pensar que te quedarás sin alarma para despertar.
- Darte cuenta de que ignoras todos los números de teléfono de tus contactos, incluso el tuyo.

Los síntomas

- Sentir un nudo en el estómago.
- Sensación de estar perdiéndose de algo, de estar desconectado del mundo.
- Ansiedad y pánico.
- Inquietud en general, decaimiento y depresión.
- Miedo a estar solo.

Hay quienes afirman que quedarse sin celular les parece una pesadilla, "debo ser nomofóbico," dicen; sin embargo, con todo esto me pregunto cómo vivíamos hace diez años cuando no contábamos con este maravilloso servicio; cómo hacíamos para saber dónde se encontraban nuestros hijos y para contactar a los clientes. Sí, nadie lo duda, lo que había que reflexionar es esa frase cada vez más escuchada: "Nos conectamos más con las personas lejanas que con las cercanas." Por lo que de una cosa estoy segura: antes la calidad de comunicación con las personas cercanas era mejor.

La clave para estirar el tiempo es estar más profundamente en el presente.

Las redes sociales: un asunto de egos

Las personas pasan un promedio de 5.27 horas promedio en las redes sociales (según un estudio de la revista *Newsweek*). A este incesante deseo de estar en línea, los científicos le llaman "conciencia del ambiente". ¡Y es un síndrome contagioso! Pero además, es un asunto de egos. ¿Asunto de egos? Sí, porque entre más seguidores tienes, ya sea en Facebook, Twitter, Linkedin, y demás, mejor te sientes —por cierto, mi Twitter es @gaby_vargas (hablando de egos). Y también tienes el poder de dar *unfollow* (dejar de seguir) a quien por alguna razón no te convence. Ah, como no queremos que eso nos lo hagan a nosotros, posteamos (subimos) frases, ponemos *links* a contenidos de calidad, chistes, notas periodísticas y reflexiones que atraigan a los demás para provocar que los quieran reenviar a otros, y así aumentemos el número de nuestros seguidores.

Sin embargo, el tema va más allá de esto. El hecho de que las personas en general pasemos más de cinco horas al día conectados a la red, a cualquier sitio, con alguien allá afuera y por la razón que sea, representa casi el cincuenta por ciento de nuestro tiempo útil del día. Esto modifica por completo la forma en que nos relacionamos aquí y ahora con nuestros seres queridos, con el tiempo que dedicamos a la lectura o a convivir con los amigos. ¿Significa eso que estamos conectados?

> **"Es la pantalla la que nos da la impresión de compañía permanente, de que no hay soledad."**
> **Federico Reyes Heroles**

2

Conéctate con tu pareja

¿Zapatilla o Chancla?

El joven parecía modelo y a juzgar por su actitud, lo sabía. Y sí, en efecto tenía aspecto interesante, muy varonil y atractivo. La chica que lo acompañaba era alta, delgada y algo atractiva también; lo que me llamó la atención fue la enorme inseguridad que proyectaba. Con todo su lenguaje corporal —que era mi única fuente de información— parecía buscar constantemente la aprobación de su acompañante.

"Si esta joven supiera", pensé... Sentados en el restaurante en una mesa frente a la suya, pude observar que ella le preguntaba cómo se veía su ropa, cómo lucía su pelo. Y en el momento en que se levantaron para saludar a unos amigos, la forma de caminar de ella, sus ademanes, reflejaban un menosprecio y una absoluta falta de aceptación de sí misma.

Ya que me he sentido "poca cosa" en muchas ocasiones en mi vida, de inmediato pude detectar el sentir de la joven. Es una lucha interior que nadie, absolutamente nadie, excepto uno puede librar. Bien decía el Dalai Lama: "Mis enemigos no están afuera, están dentro de mí, y son mis pensamientos. A diario lucho con ellos." ¡Ah!, cómo me acuerdo de esto con frecuencia.

Así que, al tiempo en que conversaba y comía con mi esposo, pensaba que mientras esta joven no se aceptara a sí misma, no tendría una verdadera relación amorosa con nadie. Esta niña no se veía lo atractiva que podría verse porque *no se sentía* atractiva; cuando esto sucede, uno mismo bloquea el magnetismo, es como poner una tabla en medio de dos imanes. Y, tristemente, las autoprofecías siempre se cumplen.

El gran secreto

Una relación amorosa sólo puede nacer de la autoaceptación dentro de la pareja. Ese es el gran secreto. Lo primero es quererte, estar en amistad contigo mismo, saberte valioso; para que el otro lo pueda ver, captar, apreciar. Es muy importante porque mientras en el fondo insistas en sentirte "poca cosa" todas tus relaciones eventualmente se deteriorarán y quedarán en un contrato de miedos y necesidades. Y así es que puedes pasarte la vida cambiando constantemente de amigos y parejas.

"Las relaciones —dice el doctor Robert Holden—, son la experiencia de nuestras creencias personales. Lo que crees de ti mismo es precisamente lo que proyectas en todas tus relaciones. En otras palabras, obtienes la relación que crees merecer. Si sientes que mereces poco amor, tendrás relaciones de poco amor. Si en cambio, te juzgas como una persona que merece ser por completo amada, tus relaciones estarán llenas de un amor renovado."

Asimismo, al entrevistar al doctor Rubén González Vera, autor del libro *La revolución de la pareja*, para el programa de televisión, me encantó la reducción que hizo de este problema: simplemente, si te sientes zapatilla, conseguirás el par. Y si te sientes chancla, también.

Es increíble lo que una proyección puede hacer. Si tú mismo te juzgas como "poca cosa", siempre, tarde o temprano, encontrarás que tu pareja y tus amigos te decepcionan y "no son como parecían ser". Si te ha pasado, sería bueno detenerte para observar si el problema es el otro o eres tú.

De la misma manera, mientras te sientas carente de "algo", ese algo le faltará a todas tus relaciones. Si te sientes "mal", te crees "inferior a...", y piensas que "eres...." lo que quieras, lo proyectarás en tu relación. Ésta entonces será complicada, amarga y no llegará a ningún lado; a menos que empieces por una sola cosa: ¡quererte!

El quid está en entender —¡ah, si fuera fácil!— que el amor siempre está dentro de nosotros. No es algo que llegue o no llegue del exterior, de los demás. Es darte cuenta de que como "seres humanos" estamos hechos de un "ser" y un "humano", como ya lo hemos mencionado anteriormente en este espacio. Un ser interior lleno de luz, de aceptación, de sabiduría, de amor. Y un humano, que es defensivo, miedoso, egoísta, comodino, pequeño y temporal.

Sentirte de vez en cuando "poca cosa" es normal, es el ir y venir del péndulo que viaja del ser, al humano; y que no es más que la señal de que el reloj funciona, ¡está vivo! Si se quedara siempre estático, estable, estaría muerto, descompuesto. Así que no te sientas mal, a todos nos ha pasado, nos pasa y nos seguirá pasando.

Una manera de llegar a la autoaceptación es observar tus pensamientos y entender algo vital: no todo lo que pasa por tu mente es verdad. Otra, es cambiar lo que está en tus manos y no te gusta de ti. Y quizá, repetir algunos mantras o pensamientos, con el fin de que escarben y permanezcan en el inconsciente.

Los mantras del amor

"El amor está dentro de mí."
"Soy una persona llena de cualidades y valgo mucho."
"Tengo mucho amor que dar."
"Acepto que otros me den amor."

¿Zapatilla o chancla?... El mundo sólo es un reflejo de mí mismo.

Dos palabras difíciles de decir

Un hombre y una mujer decidieron que querían el divorcio después de 45 años de casados. Por consejo de sus hijos acudieron a un terapeuta; cuando éste les preguntó la razón por la que querían separarse, la esposa comenzó a enlistar una serie de razones:

—Nunca me pregunta si soy feliz —dijo la esposa.

—Yo asumí que lo eras —contestó el marido.

—Nunca me dice que me ama —dijo ella.

—Te lo dije el día que nos casamos, pensé que lo sabías de sobra —contestó él.

—Nunca se fija en mí, ni en lo que traigo puesto —continuó ella.

—Todos los días te veía y admiraba tu belleza —respondió él.

—Rara vez nos dirigimos la palabra —dijo la esposa.

—Sé que te gusta mucho leer —contestó el marido.

—Claro, leía porque nunca hablábamos —expresó ella.

El terapeuta no dejaba de tomar notas.

—También me trata mal —dijo la esposa.

—¿Cómo? ¿De qué manera? —preguntó el terapeuta.

—Bueno, en el desayuno, tres veces por semana, durante 45 años, siempre me daba la costra del pan, y yo odio la costra del pan.

El marido furioso espetó:

—Querida, sólo te daba la costra del pan, porque es la parte del pan que *a mí* más me gusta.

Esta anécdota sirve para ejemplificar la cascada de interpretaciones que puede ocasionar *asumir* cosas, darlas por hecho. En la vida de pareja, todo podría tornarse más sencillo si sólo hiciéramos explícito lo implícito. ¿Apatía? ¿Falta de valor? Lo cierto es que esta incomunicación no sólo sucede entre parejas, sucede también entre padres e hijos, hermanos y amigos.

"Mis papás nunca me dijeron directamente lo orgullosos que se sentían de mí, como tampoco nunca escuché de ellos un 'te quiero'; y sé que lo estaban, porque mis hermanas me contaban que, en cuanto salía del cuarto, ellos no dejaban de comentar el orgullo que sentían", me platica con tristeza una querida amiga. Y viene a mi mente lo que de chica escuché decir a un tío —famoso por su mal carácter—, cuando halagaban a su hijo por lo buen estudiante y responsable que era: "No es cierto, no se le digas porque se le va a subir", lo cual era muy común en los papás de mi generación. ¿Cómo? ¿Por qué? La verdad es que por generaciones ese "no decirle a alguien lo bueno" ha guiado la manera de pensar y proceder de muchas familias.

El hombre por hambre mata
y por reconocimiento muere.

Es irónico y hasta cruel darnos cuenta de lo que un reforzamiento positivo puede causar en una persona, pero qué trabajo nos cuesta darlo. Escuchar expresiones de reconocimiento y amor simplemente le da brillo a nuestra personalidad, nos hace sentir especiales e indispensables.

Te invito a reflexionar, querido lector. ¿Cuántas relaciones en tu vida desfallecen ante la ausencia de palabras de amor o admiración, ante la incapacidad de pronunciar un "te quiero"? Al parecer, no decimos estas palabras de amor y cariño, indispensables, lo suficiente.

Me pregunto si esta censura de nuestros sentimientos es causada por el temor a recibir un rechazo o una burla al externar nuestras emociones. O quizá tememos expresarnos porque creemos que nos hace parecer débiles, o le darán al otro el control de nuestra vida y que se eliminarán nuestras defensas y seremos invadidos.

El mundo lleno de violencia en el que vivimos nos causa grandes temores e inseguridades internas. A veces los adultos, tal como los niños, necesitamos que nos abracen, nos acaricien y nos digan que nos quieren. El beneficio es mutuo. Cuando acaricias a un animal ¿quién recibe la calidez? O al sostener a un bebé en los brazos ¿quién es el que da y recibe ternura? Esos instantes son los que hacen la vida llevadera; sentir la calidez del otro en la piel, en la mirada, en la voz y en el alma.

No sólo necesitamos escuchar un "te quiero" con frecuencia, también necesitamos vencer ese extraño temor a decirlo de corazón.

Conéctate a través de la seducción

La sexualidad es muy importante en la relación de pareja. Nos conecta a niveles profundos, como ningún otro aspecto lo hace. Es por eso que los textos de la filosofía que nació en la India alrededor del siglo III d.C., me parecen tan actuales, sutiles, eróticos y aleccionadores. Su lectura debería ser obligatoria para todas las parejas que desean contraer matrimonio, e indispensable para las que ya cumplieron varios aniversarios.

Me refiero a los textos del *Kamasutra* que, aunque sea difícil de creer, fueron transmitidos oralmente de abuelas y madres a hijas y nietas. De esta manera ellas compartieron además de las enseñanzas para ser buenas esposas, los preceptos para ser mujeres habilidosas, divertidas, comprensivas, refinadas, sensuales, bellas e inteligentes; pero también los secretos para mantener vivo el amor de la pareja. La razón específica de las mujeres para salvaguardar estos saberes era la sobrevivencia, pues les garantizaban la protección dentro de una sociedad regida por los hombres y, al mismo tiempo, les permitía cultivar su propia felicidad.

Al respecto escuché de Enrique Bonavides, nuestro maestro de filosofía, quien pronto publicará su libro, sus profundas y bellas interpretaciones sobre los textos antiguos del *Kamasutra*, un libro famoso por sus ilustraciones, pero rico en saberes. Supe de esta manera que la palabra *Kama* se refiere al dios del amor, y *Sutra* significa "libro". Al conocer mejor su contenido, reflexioné sobre la inteligencia y la férrea voluntad que se requiere para mantener vivo el amor de una pareja. Es toda una tarea, no es algo que se dé sólo por el hecho de haber dicho "sí" ante la sociedad o en el altar, o por nuestras cualidades o carisma.

Los textos del *Kamasutra* conforman noventa por ciento del contenido, mientras que sólo diez por ciento corresponde a las ya famosas posiciones eróticas. Los textos consisten en 64 consejos hermosos y profundos, al leerlos parecen escritos recientemente y no hace siglos, lo que nos comprueba que el hombre será hombre siempre, no importa dónde se encuentre, a qué época o país pertenezca.

Los conceptos me parecieron bellísimos; uno de los principales se basa en la idea de que Kama, al ser el dios del amor, es también el dios de la vida.

No podemos decir que estamos vivos, si no amamos. Así que la razón del ser humano es amar.

La sensibilidad

El propósito de todo acto amoroso, dice el *Kama*, es propiciar un acto divino. Si un acto amoroso se asocia con Dios, todo acto amoroso es por naturaleza divino. En ese contexto se dice que todo en el mundo existe a partir de contrarios. En la India llaman "mituna" —vocablo que da origen a la palabra "mitad"— a esos opuestos complementarios. Así, todo ser humano tiene una parte masculina y una femenina y todo lo existente tiene su contrario y complemento. En la mitología hinduista, el amor es el arte de hacer que lo masculino y lo femenino sean *mitunas* perfectas, pues la perfección divina reside en la unidad. Cuando se da la unión de los complementarios, emana la serenidad.

Llama la atención observar que la sociedad actual se ha masculinizado; la mujer, en una lucha muy justificada por la equidad de derechos y oportunidades, ha pasado por alto el peso excesivo dado a su *mituna* masculina. Por eso, con frecuencia, no nos explicamos el que una mujer exitosa, independiente, guapa, con un súper puesto y sueldo, no encuentra pareja. Si atendemos a la sabiduría ancestral del *Kamasutra*, vemos que un hombre añora encontrar esa *mituna* femenina en su mujer como compañera de vida, la cual ella con frecuencia reprime en aras de una búsqueda inmadura de "igualdad". Otras veces es la mujer la que se lanza a la conquista de la pareja, sin percatarse de que la *mituna* masculina prevalece en el hombre, provocándole una segregación de adrenalina que lo hace sentir vivo, pues le permite mirarse a sí mismo como el conquistador, nunca como el conquistado.

Asimismo, las mujeres tenemos que tener la inteligencia para hacer que esa feminidad natural aflore sin perder terreno y comprender que, al competir o solucionarle todo al hombre, anulamos lo que a él le compete y con ello su razón viril de existir. Escuchemos a esas mujeres sabias que nos aconsejan darle un espacio al hombre para afianzar su *mituna* masculina. Nada se pierde y mucho se gana.

¿Control o poder?

De acuerdo con el *Kamasutra*, la mujer es la que tiene mayor cercanía con Dios y, por lo tanto, la capacidad sensible para hacer entender al hombre lo que es el amor, así que a ella le corresponde enseñarlo a amar.

"El control es pensar en caballos y escuchar los cascos", decía Confucio. Cuando entre un hombre y una mujer hay una pugna entre poder y control, debemos saber con inteligencia que al hombre le compete el control, pero a la mujer el poder. Sin embargo, a veces la mujer se hace tan poderosa ante el hombre que la vista se nubla y con torpeza o poco tacto ella le quita el control al hombre. Recordemos que, de acuerdo al *Kama*, en una relación amorosa la mujer puede desarrollar el poder, mas no adquirir el control.

Habría que considerar que para el amor, los roles de conquistado y conquistador son necesarios. Esas no son cosas de las abuelas, sino que tienen que ver con la feminidad y la inteligencia femenina. Por otro lado, las mujeres agradecemos cuando un hombre con inteligencia permite el desarrollo de su *mituna* femenina y se vuelve un hombre detallista, receptivo, pendiente de la caballerosidad y la palabra poética. Toda mujer sabe que no hay nada más seductor.

LAS ARTES DEL *KAMASUTRA*

A continuación, te comparto algunas de las 64 artes del ***Kamasutra***, podrás darte cuenta de lo valiosas y actuales que son sus enseñanzas.

"La mujer debe dominar el arte del canto." Al leer los textos de este libro y encontrar frases de este tipo, de inmediato muchas mujeres nos autodescartamos, sin comprender que no debemos tomarlas de manera literal, ya que requieren una sabia interpretación.

Con esta máxima no se quiere decir que una mujer ***deba*** saber cantar. No. Se refiere a que la naturaleza fundamental del ser humano es la palabra; es lo que nos hace humanos. En el amor, tienes que acercarte y acercar a tu hombre a lo divino a través de la palabra. Sin embargo, hay un hablar sublime y otro no sublime; el sublime nos acerca a los dioses. Si quieres enamorar a alguien, no lo podrás hacer con palabras no sublimes, tienes que hacer el esfuerzo por hablar como Dios lo hizo en la creación.

La palabra "poesía" viene del griego "poieoo" (ποιέω), que significa "crear". El que habla poéticamente ***crea el amor***. Si tu hablar es bajo y prosaico matas el amor. Recuerda el dicho de nuestras abuelas, decían que la mujer habla para el hombre y el hombre para sí mismo.

Por otro lado, el arte del canto incluye también el manejo de los silencios entre los sonidos y los tonos; de otra manera, el resultado es solamente ruido. Para saber cantar o leer un poema, debe haber armonía; esto se logra no sólo con el respeto entre tono, sonido y silencio sino con el tiempo. El silencio es la manera más cercana a la palabra amorosa, también es saber callar en el momento apropiado.

"Toda mujer debe saber tocar un instrumento." La interpretación de esta frase es la siguiente: "Yo, mujer, te enseño a ti, hija, que debes saberte un Stradivarius, con un valor absoluto, tienes la capacidad de emitir notas extraordinarias. Por lo que el hombre que escojas debe ser un virtuoso. Si no sabes lo que es tocar un instrumento, permitirás que te toque cualquiera, lo que te convertirá en un tololoche. En cambio si te acercas a alguien para convertirlo en virtuoso a través de la relación, de la comprensión, entonces podrán sacar las notas más maravillosas de ese Stradivarius."

"Todo nivel armónico necesita de la aceptación del tiempo." "Los dioses si algo tienen es tiempo —dice Enrique Bonavides—, por lo que a los dioses les compete la lentitud y a los hombres la prisa. Así que el más grande regalo que un hombre le puede hacer a una mujer para hacerla mujer es el tiempo."

Cuando un ser se vuelve inmortal para el otro, vive lentamente. Si queremos crear un momento divino, hay que poner en la mesa la lentitud. Porque esto nos da el recuerdo de lo que somos el uno para el otro.

Una mujer no puede dar armonía, si su hombre no le da lo más valioso: tiempo.

El ***Kamasutra*** califica como pornográfica aquella relación en la que ni uno ni otro se dan tiempo. En cambio, el erotismo se concibe y se maneja a través de un deseo no satisfecho de manera inmediata.

El concepto de "tiempo" da otros motivos de reflexión. El Kama dice que lo más cercano a tener tiempo es vivir con humor. A una mujer le satisface más un hombre que tenga buen humor que quien no lo tenga. La mujer sabe que en el amor debe haber fragilidad, sencillez y la belleza de la superficialidad. "Así que m'hijita, si tu futuro hombre carece de buen humor, ni te le acerques", dirían las sabias abuelas. Y para que en la relación haya buen humor, se requiere una convivencia en la cual no haya prisa.

"El arte de la caricia." La mujer es la que debe enseñarle al hombre el arte de la caricia, que puede ser de distintas clases, y marca, dibuja o tatúa la piel y hasta el alma. Es diferente acariciar con la palma, con las yemas o con las uñas. En cada tipo de caricia existe un cómo y un cuándo. Una caricia perfecta considera el tiempo y el espacio, no se dirige a una parte del cuerpo sino que se acopla a un momento apropiado. La mujer debe tener la sensibilidad para tomar al hombre de la mano y guiarlo.

"El arte de saber vestir." En Occidente una mujer se viste casi siempre para otra mujer, el *Kamasutra* dice que debes saber vestirte para que el hombre te desnude con la mirada; una mujer que sabe vestirse es aquella que lo hace pensando en los ojos del varón. Los colores son importantes en la seducción, deben ir de acuerdo con el color del cabello, la piel y la hora del día.

"El arte de los perfumes y los aromas." Como parte de los saberes de la seducción, la mujer debe conocer la preparación de perfumes y aromas. El aroma es la unión de tu perfume y el olor corporal. Hay que saber que no se puede usar el mismo perfume en diferentes horas del día o estaciones del año. La variación del perfume aporta novedad, puede lograr que cada hombre responda de diferente manera y eche a volar la imaginación.

"El arte de hacer hablar a los papagayos." La mujer debe aprender el arte de hacer hablar a los papagayos (los hombres). Es todo un logro que una mujer haga hablar a un hombre. Porque los hombres suelen ser más reservados; difícilmente explayan su sentir, aún en el ámbito amoroso. Esta habilidad se pone a prueba, por ejemplo, al lograr que él exprese algo más que un somero "bien" cuando se le pregunta "¿cómo te fue?"

En el momento en que en la pareja se da una conexión absoluta, el hombre se abre y puede conversar acerca de mil cosas; el asunto está en que con frecuencia el hombre habla no de lo que la mujer necesita escuchar en ese momento. Es así que el hombre, dice el Kama, se convierte en un pájaro que habla. Cuando lo que la mujer necesita es ser entendida y escuchada.

La sexualidad es tan natural y necesaria como el sol y la lluvia, como el alimento y la bebida; complementa el bienestar moral, material y espiritual de una persona. Dediquemos tiempo a esta deliciosa tarea y pongamos en práctica estos sabios y antiquísimos consejos.

TE VEO: LA VERDADERA INTIMIDAD

Nunca había practicado aquello ni con mi esposo, la persona más íntima que tengo en mi vida. ¡Qué ociosidad! Todo ese tipo de dinámicas siempre me ha incomodado: "Busquen a una persona extraña y colóquense frente a ella", fue la orden del ponente en el Congreso Internacional de Eneagrama, en Las Vegas, Nevada. "¡Qué fastidio! Mejor que continúe con su exposición", pensé. Como no me quedó otra alternativa que hacer lo que todo el grupo hacía, con desgano busqué a mi alrededor. Crucé miradas con una joven americana mucho más dispuesta que yo, quien me invitó a sentarme en la alfombra frente a ella. Enseguida vino la orden temida.

"Quédense viendo una a la otra, pero no de manera superficial, sino tratando de encontrarse el alma, de ver más allá. Después de dos minutos, comenten sobre lo que cada una percibió", se escuchó decir al maestro por el micrófono. Renuente guardé mi soberbia, mis ganas de controlar la situación y ¡ay, qué incómodo ejercicio!, me puse en contacto visual, directo, con una desconocida cuyas rodillas se encontraban a milímetros de las mías. Qué invasión de la intimidad y del espacio vital", pensé dentro mí. "¡Estos gringos...! Ni modo, a cooperar."

Debo decir que conforme los minutos pasaron, bajé la guardia y silencié todos los reproches, poco a poco me conecté de una manera muy especial con mi compañera. Repetimos el ejercicio varias veces. En verdad era como asomarme a su alma, como si en ese breve lapso que parecía alargarse, conociera mejor a esa joven que a muchos de mis viejos amigos.

Qué poco espacio dedicamos para conocer mejor a las personas, pensé. Durante la retroalimentación, ambas descubrimos que de esta manera la comunicación es tan intensa que las palabras sobran. Lo que es la vida: terminamos como íntimas amigas, pues las dos tocamos al ser interno de la otra, el que no tiene máscaras, el esencial. Ese es precisamente el *I see you* (te veo) al que refiere la pareja protagonista de la película *Avatar*, que tanto me gustó.

Nada comunica tanto como una mirada

Una mirada puede expresar la peor de las desaprobaciones, y también es el canal de la comunicación más intensa entre dos almas. Expresa sin palabras "puedo ver tu alma, descubrir tu ser y darme cuenta de quién eres en realidad".

En una pareja, una mirada de ese tipo se puede dar en un primer instante, o bien después de unos minutos de verse a los ojos con el propósito de encontrarse mutuamente el alma. ¿Alguna vez lo has hecho?

Al menos ochenta por ciento de los estudios científicos sobre este tema, revela cómo aprendemos a amarnos uno al otro a través de la mirada. Una investigación realizada en 1989, por el psicólogo James D. Laird de Clark University, nos dice que mirarse es quedarse viendo mutuamente, pero de una manera diferente: para otros mamíferos verse uno al otro tiene la intención de una amenaza y se recibe como tal. Si tienes duda sólo trata de ponerlo en práctica en la calle. En cambio, mirarse mutuamente es darse permiso de hacerlo, bajar la guardia, quitarse las máscaras y ponerse en una situación vulnerable, lo cual es la clave para crear intimidad y conectarse.

Mirar el alma

Darnos tiempo para mirarnos a los ojos, dice el doctor Robert Epstein de la Universidad de Harvard, ayuda a producir aumentos rápidos en el cariño y gusto por el otro, aún si lo hacemos con un extraño. Para comprobarlo, Epstein invitó a sus alumnos a realizar un ejercicio. Al azar formó parejas y les pidió que calificaran del 1 al 10 el nivel de atractivo, cercanía o amor que sentían entre sí. Después les pidió que se miraran profundamente a los ojos, en un experimento que llamó *Mirar el alma.*

Al principio hubo risitas entre los alumnos, pero después surgió algo muy interesante. Al cabo de dos minutos, el sentimiento de amor se elevó un modesto siete por ciento; el de agrado once por ciento; y el de cercanía se elevó hasta 45 por ciento. Al final, 89 por ciento de los estudiantes mencionó que el ejercicio había aumentado sus sentimientos de intimidad hacia el otro.

Asimismo, Epstein les propuso que durante un mes pusieran en práctica esa técnica con amigos, pareja, familia y hasta con perfectos extraños, y llevaran una gráfica sin importar los resultados. Más de noventa por ciento de los 213 estudiantes reportó que sus relaciones habían mejorado notoriamente, en especial, se elevó setenta por ciento la intimidad con su pareja sentimental.

Lo que me parece más interesante de esto es que los alumnos sintieron por primera vez algún tipo de control sobre el amor que experimentaban hacia su pareja y no esperaban que el destino se hiciera cargo. Esa es la gran lección. Con frecuencia pensamos que ese cuento de hadas, en el que aparece el príncipe o la princesa y viven felices para siempre, se dará sin esfuerzo alguno también en nuestra vida.

El doctor Epstein sugiere algunos ejercicios muy parecidos y divertidos que elevan la intimidad en la pareja. Aunque de entrada el temor al ridículo nos hace descartarlos, estoy convencida de que en verdad funcionan. Te invito a hacerlos. Además de que te divertirá, las probabilidades de que el asunto termine en romance son altas.

Ejercicios para mirarse el alma

1º. **Dos en uno.** Abrazados suavemente sientan la respiración de su pareja y traten de sincronizarla gradualmente. Después de unos minutos, notarán que se funden en uno —y que les costará trabajo pasar al siguiente.

2º. **Mirarse el alma.** Siéntate frente a tu pareja y mírense a los ojos durante dos minutos. La mirada debe intentar ir más allá, no quedarse en lo superficial. Después comenten sus percepciones.

3º. **Amor de chango.** Parados, o sentados muy cerca uno del otro, empiecen a mover manos y brazos, de manera que traten de imitar con exactitud los movimientos del otro. Esto, además de ser divertido, es un reto. Los dos sentirán que se mueven voluntariamente, pero sus acciones estarán conectadas.

4º. Leer la mente. Escribe algo que quieras decirle a tu pareja. Después, durante unos minutos y sin palabras, trata de transmitírselo conforme ella intenta adivinar qué es. Si no lo logra, revélalo. Después cambien de turno.

5º. El aura del amor. Coloca las palmas de las manos lo más cerca posible de las palmas de tu pareja, sin tocarse. Háganlo por unos minutos, durante los cuales no sólo sentirán la energía y el calor, sino también una especie de chispas que emanan de ambos.

Procuremos conectarnos con el alma de nuestra pareja, encontrar nuevamente lo que nos enamoró de él o ella. Para lograrlo se necesita dedicar atención, tiempo y esfuerzo. Basta mirarnos uno al otro con permiso, paciencia y amor para darnos cuenta de que nuestra relación requiere sólo unos segundos para ser mejor.

Conseguir sin palabras ese: *te veo*,
es donde radica la verdadera intimidad.

Lo más erótico

"El hombre ha podido sobrevivir
sin lo indispensable, pero nunca ha podido
vivir sin lo superfluo."
Paul Valéry

Cuando escuché esta frase me pareció totalmente contradictoria. "¿Cómo? Es más bien al revés", de inmediato protesté.

Al escuchar la explicación del maestro, el concepto me pareció no sólo precioso sino profundo; además, ¡aplicable a tantas áreas de la vida! Para mí fue todo un descubrimiento, no me quedó más que darle toda la razón. La comparto contigo.

Tomemos por ejemplo algo de la vida cotidiana: todos estamos de acuerdo en que hay gran diferencia entre tragar y comer, entre disfrutar, comer y gozar de la comida. Pero, ¿qué implica comer? ¿Qué necesito para, en vez de tragar, comer?

Nietzsche decía que cuando se insinúa el agotamiento, el cansancio, la pesadez, la falta de libertad, la descomposición, la putrefacción, en ese mismo instante el hombre odia lo feo. Pero, ¿cómo saber qué cosa es fea y cuál no lo es? ¿Cómo saber que en algo no hay belleza? A lo que él nos responde: "Sabes que no hay belleza cuando de pronto lo que vives te agota, te cansa."

¿Qué hacer para no cansarse? Nietzsche decía que se necesita lo indispensable para cualquier acto sensual: tiempo (¡!). Si no tenemos tiempo para comer, entonces nos tragamos la comida, y por más rica que sea, no la disfrutamos. Nos convertimos en lo que él llama "un cerdo omnisciente"; tragamos todo sin importar lo que nos den.

Tener o dar tiempo, de acuerdo con Nietzsche (y con el *Kamasutra*, como vimos en páginas anteriores), es el aspecto más erótico en cualquier relación entre dos seres o entre un ser y su entorno. ¿Qué hay detrás de tener tiempo? La oportunidad de ritualizarte. De permitir que tus sentidos te lleven hacia el mundo. De conectarte con el otro, contigo mismo a través de contemplar, de sentir, de estar.

Cada relación es un reto de enseñanza y aprendizaje.

Un rito

En la India la palabra "orden" se dice "rita" sólo que en el idioma hindú no hay vocales, por lo que se escribe "rt". Así que *rita* (orden) es la raíz de *rito*. Hacer un ritual es ordenar las cosas. Si tengo tiempo *ritualizo* mi casa, mi entorno o la comida y coloco un mantel bonito, una mesa bonita y unas flores.

Asimismo, la palabra *rita* tiene las mismas consonantes que la palabra *arte*. Si quieres comer bien, tienes que hacer de la comida todo un arte. Es inútil forzar los ritmos de la vida.

Cuando te das tiempo para disfrutar, te das lo mejor que te puedes dar. Tiempo para platicar, caminar, leer, escuchar música o entender que no es lo mismo comer una carne cruda y sin sazón —lo indispensable— que asarla, condimentarla, ponerla al fuego y disfrutarla —lo superfluo—; es el espíritu del disfrute lo que hace lo indispensable. Como tampoco es lo mismo comer un pescado acompañado con un refresco, que con un buen vino. No es cuestión de dinero, es cuestión de estilo, de gusto. Y el estilo, dice Nietzsche, surge de los sentidos. Pero, ¿qué más necesito? Una buena compañía. No es lo mismo comer muy rico solo, que comer muy rico acompañado. ¿No es así en todo?

Lo que me hace humano, al fin y al cabo, es lo *no útil*. Es decir, lo que salva al hombre de sí mismo es el arte. Un arte relacionado con la estética, lo erótico, el gusto, el estilo. De tal manera que el arte sea la mediación entre mis ojos y una realidad, que no necesariamente es bella.

La ética es hija de la estética, como decían los griegos. Si yo logro tener un entorno estético, bello, ritualizado con el tiempo y la compañía, esa estética hará que mi comportamiento, tanto conmigo como con el otro, sea ético.

El tiempo es lo más erótico que se le puede regalar a cualquiera. Eso significa escucharlo mejor, acariciarlo mejor, acompañarlo mejor. Conectarse mejor.

¿Compartes en pareja?

¡Qué sano es desnudarse! ¡Ah! Pero requiere mucho valor. No sólo me refiero al desnudo físico, eso cualquiera lo puede hacer, me refiero a desnudar el corazón, el alma. Conectarte de corazón es como el oxígeno en la relación; sin ello, algo se muere. La plática íntima en una pareja además de que es necesaria, fortalece el amor, la confianza y el sexo. La comunicación hace, hasta del adversario, un amigo, por eso es tan triste ver a una pareja comiendo en un restaurante, sin nada que decirse.

Resiste la entropía que nos lleva a la anorexia verbal y pregúntate: "¿Qué tan honesto soy cuando me comunico?" Hablar de los temas de fondo, acerca y nutre. Atrévete, procúralos.

Procura hacer a un lado los distractores electrónicos para estar más presente y escuchar con todo el cuerpo una conversación; cuando lo haces, llevas a cabo uno de los actos más generosos, que crea entre los dos una gran comunión. Vale la pena.

“Si quieres ser feliz, haz feliz a tu pareja”

Siempre escuché a mi padre decir esta frase cuyo verdadero significado tardé en comprender: “Si quieres ser feliz, haz feliz a tu pareja”. Que me hace también preguntarme cuál de los dos clichés será más cierto: ¿“Polos opuestos se atraen” o “pájaros del mismo plumaje revolotean juntos”?

Cuando en una pareja llega el deseo de profundizar la relación, de comprometerse, es importante encontrar intereses en común que los conecten. Es decir, conforme aumenta nuestro porcentaje de gustos e inclinaciones, así como nuestra voluntad de ceder, aumenta también nuestra mutua atracción y, por ende, el amor y el deseo de estar juntos.

¿Cuándo fue la última vez que compartiste una actividad con tu pareja?

¿Hace cuánto que realizaste por última vez una actividad recreativa con tu pareja? Me refiero a cualquier cosa: ir al cine, jugar cartas, patinar, ir a un museo, ver un partido en la televisión, salir a bailar, trabajar en alguna mejora de la casa, ir al teatro, jugar golf, pasear en bicicleta, escaparse un fin de semana solos o simplemente salir a tomar una copa.

Cuando inicias una relación y el romance está en su apogeo, es fácil disfrutar todo y difícil pensar que en un futuro tendrás que buscar actividades específicas que los motiven a estar unidos. De novios no importa lo que hagan con tal de hacerlo juntos, ¿no es cierto?

**Sin embargo, como dice Alberoni:
“El enamoramiento es una sucesión de pruebas,
es una continua exploración recíproca.”**

Llega el momento en que la pareja tiene que buscar puntos de encuentro en los que ambos disfruten la compañía del otro.

Sobra decir que en pareja se da un continuo ceder, cambiar, hacer y rehacer proyectos personales por el bien de la relación. Y si lo piensas, el hecho de no tener intereses en común hace que permanecer juntos, poco a poco, carezca de sentido. Si en el tiempo libre de la pareja él se dedica a jugar dominó, golf o futbol con sus amigos, y a ella le encanta pasear en los centros comerciales o salir por su lado a hacer ejercicio, es probable que llegue el día en el que uno de los dos o ambos se pregunten si estarían mejor solos o con alguien más.

¿Totalmente diferentes?

Podríamos relatar historias de parejas que se llevan de maravilla a pesar de ser totalmente diferentes. La respuesta a esta aparente contradicción es que tendemos a estar más conscientes de las diferencias que de las similitudes, simplemente porque son más evidentes.

¿Qué sucede con una pareja en la que ella disfruta salir al campo, leer o escuchar música, y él, por el contrario, es muy social y disfruta más salir con los amigos, ir a fiestas, a bailar? Es muy probable que estas diferencias motiven entre ellos una que otra discusión; sin embargo, si comparten otras actividades, es más probable que se mantengan conectados y enamorados al generar admiración mutua, intercambiar ideas sobre la educación de los hijos, sobre el trabajo, así como principios y valores. Es importante, por lo tanto procurar momentos que los conecten, así como lograr que las semejanzas sean más numerosas que las diferencias.

Te invito a hacer una lista de las cosas que compartes con tu pareja. Te darás cuenta de que lo que comparten quizá es más y más profundo de que lo que los diferencia. Sólo que ¡a veces lo olvidamos!, pues damos por hecho las similitudes y sólo discutimos acerca de las diferencias.

Hay tres razones por las cuales compartir actividades e intereses es una herramienta poderosa de atracción, además del placer de procurarle un poco de felicidad al otro.

1. Validamos mutuamente nuestros gustos e ideas.
2. Disfrutamos de la compañía e invita a re-enamorarnos del otro.
3. Evita roces al tener que defender una actividad ante el otro o hacerla solo.

¿Qué hacer si nuestra pareja tiene gustos completamente diferentes?

Mi papá siempre decía que en el amor "hay que querer querer". Cuando una pareja joven comienza, quizá los dos se interesen en una maestría, en arreglar su primer departamento, cuidar a su primer bebé, etcétera. En la medida que los hijos crecen y son independientes, comienza la pregunta de cómo pasar los fines de semana. De ahí la razón de desarrollar actividades juntos desde el inicio, aunque los intereses a los veinte años pueden cambiar por completo a los cuarenta.

La verdad sea dicha, la mujer, por lo general, es más flexible. Simplemente por acompañar a su pareja, puede disfrutar de una actividad, como ir al futbol o acampar una noche. Al hombre, por otro lado, se le dificulta más ceder en estos territorios. ¿Conoces a un hombre que esté dispuesto y de buena gana a acompañar a su mujer a una clase de historia o al mercado de artesanías un domingo en la mañana?, por poner un ejemplo. Por eso es importante recordar que:

Todo se impregna de la energía con lo que haces las cosas.

"¿Qué es el amor?" Le preguntaron un día a San Agustín, a lo que él respondió: "Antes de que me preguntaras sabía bien qué era, ahora que me pides que lo describa, no lo puedo hacer." Qué cierto es, el amor se siente, se vive, no es material, es una energía, una sensación que se experimenta como bondad, compasión, generosidad e intimidad con el otro, y una de las formas en que se puede expresar, es compartir aquello que al otro le gusta o disfruta hacer.

Así que te invito a reflexionar en las palabras de San Agustín y en el sabio dicho de Joaquín Vargas que, por cierto, con su esposa Gaby lograron un feliz matrimonio de casi seis décadas: "¡Si quieres ser feliz, haz feliz a tu pareja!"

3

Conéctate con tus hijos

No somos el centro del universo

Si quieres aprender una de las mejores, más rápidas y efectivas lecciones de humildad y subordinación, conviértete en papá o mamá. Un bebé es el mejor maestro. Con él te das cuenta de que para nada eres el centro del mundo y que tu escala de valores se modifica por completo. Es increíble cómo alguien tan chiquito, que no puede hablar, caminar o comer por sí solo, manda en la casa, en la familia y en tu vida entera, ¡minuto a minuto! A partir de ese momento ya no puedes, vaya, ¡ni bañarte cuando a ti te gusta! Las necesidades del bebé son constantes.

Al ser padres entiendes por primera vez lo que significa la filosofía y el concepto de vivir por algo o por alguien fuera de ti.

El reto y la responsabilidad de cuidar a un ser totalmente dependiente e indefenso es mayor que el de cuidar de ti mismo. Nada se compara con la atención inmediata que demanda el llanto por hambre del bebé. Y la llamada de atención cambia de nombre de acuerdo con la edad del hijo, hasta que se casa.

La importancia de un escarabajo

"Quiero estar a solas con mi hermanito." Esto era lo que la niña de cinco años le pedía a sus papás. Ellos, intrigados, pensaron que no era una buena idea pues el bebé tenía sólo dos días de nacido, y le negaron el permiso. Pero ante la insistencia de la niñita y por cansancio, a los papás no les quedó más que acceder. Así que su hija entró al cuarto mientras los papás cuidadosos la observaban a través de una pequeña rendija entreabierta de la puerta. Y al escuchar lo que la niña le susurraba al oído de su hermanito, se quedaron atónitos: "Oye, oye... cuéntame cómo es Dios, porque a mí ya se me está olvidando."

Estoy segura de que quienes hemos tenido entre los brazos a un hijo o a un nieto recién nacido o de meses, hemos sentido esa misteriosa e inexplicable sensación de entrar en contacto con lo sagrado. Por eso me encantó esta historia que escuché de mi querida amiga y maestra, Ana Mary Saldívar.

Conforme ese bebé de brazos crece, al enfrentarse al mundo real, quizá al sentir hambre, frío, dolor de estómago o tener que pelearse por su juguete, esa emanación divina desaparece poco a poco. No sólo progresa en el aspecto físico más evidente; también su cerebro madura y se conectan nuevas terminaciones nerviosas. De esta manera, con la razón y el juicio, aparecen otras operaciones que se realizan en el lado izquierdo del cerebro. Cerca de los siete años esa mirada de inocencia, como mirando al cielo, empieza a modificarse. "Cuánto ha crecido", comentamos al ver a un niño, y no sólo por la estatura adquirida, sino por la nueva expresión que vemos en su cara y el paulatino abandono de la inocencia.

La inocencia entonces es remplazada por cientos de fantasmitas que poco a poco se apoderan de su mente, con intención de dominarla. Un tipo de encanto se va y lo sustituyen otros, muy diferentes; quizá simpatía, viveza, picardía o nobleza en el carácter.

¿Qué contribuye a ese cambio?

Los papás somos los que contribuimos en mayor grado a definir el tipo de mirada que se forma en nuestros hijos. Es evidente que todos los padres quisiéramos que nuestros hijos llevaran a la vida una maleta repleta de autoestima, seguridad en sí mismos, independencia, en fin... ¡Vaya tarea!

¿Cómo lograrlo? Una forma muy importante es a través del cuidado, aceptación y respeto de sus emociones. Imagina que un niño juega feliz en el patio de su casa y emocionado llega con su mamá a enseñarle los escarabajos que recolectó en un frasquito de vidrio: "Mira, mira, mami, ¿ya viste sus colores? ¡¿No están padrísimos?!" Pero lo único que la mamá ve es la posibilidad de que su casa se llene de bichos y responde con enfado: "Saca esos insectos espantosos de aquí, ahorita mismo." El niño protesta y dice: "Pero, mamá, ¡ni siquiera viste la cantidad de tonos que tienen sus alas!" Ella toma al niño del brazo, lo jala hacia la puerta, de reojo mira el frasco con repulsión y alterada le dice: "Los bichos viven allá afuera y allá se tienen que quedar. ¿Entendiste?"

¿Cómo crees que el niño se sentiría? Totalmente ignorado emocionalmente. En esa situación, su mamá no sólo no compartió su gusto y emoción, sino que le dejó al niño una gran confusión. Al principio se entusiasmó por un hallazgo que lo hizo sentirse como un niño "bueno" y lo impulsó a compartirlo. Pero el regaño de su mamá lo hizo pensar que había hecho algo "malo".

Qué diferente sería si la mamá se hubiera puesto a su nivel y con asombro y curiosidad le hubiera dicho: "Déjame ver m'hijito... ¡Guau! Son unos escarabajos llenos de colores ¿verdad?, ¡están maravillosos! Eres todo un explorador. ¿Dónde los encontraste? Pero, ¿no crees que ellos estarían más felices allá afuera con su mamá?"

La mamá, al responder de manera empática fortalece la relación madre-hijo y hace que el niño, al sentirse apreciado emocionalmente, se vea como un súper héroe, lo que refuerza enormemente su valía personal, autoestima y seguridad.

No sólo eso. Lo más importante es que cuando como papás resonamos con las emociones de nuestro hijo, él se dice a sí mismo: "Soy un niño bueno", lo cual hace que se abra más fácil al mundo y se anime a explorar otras cualidades propias. Es así que, al reflejarse en el espejo de la mirada de sus padres, es capaz de ver su propia bondad, por lo tanto es capaz de detectarla también en los demás.

Lo curioso es que aun cuando el niño se separe de su mamá o de su papá sentirá esa "energía positiva" de aceptación que es, precisamente, lo que le da un sentido de pertenencia; esa emoción lo acompañará durante toda su vida, a todos los lugares a donde vaya.

¿De qué otra manera los papás podemos lograr que nuestro hijo se sienta visto, amado?, ¿cómo hacer para que fortalezca la conexión con su origen, con esa parte pura, perfecta, divina? A través de hacerle sentir de manera consistente, tanto en lo verbal como en lo no verbal, que ese anhelado vínculo con lo sagrado está guardado nada menos que dentro de sí mismo, y que lo podemos ver, reconocer, respetar.

Quién nos diría que la posibilidad de que nuestro hijo recuerde cómo era Dios está en nuestras manos, en darnos el tiempo de apreciar a unos simples escarabajos.

El blindaje emocional

La mirada de amor y admiración con la que la bebé de unos ocho meses veía a su papá me emocionó y conmovió. Formados en la fila para documentar las maletas en el aeropuerto, observaba a esa bebita que, desde su carriola color azul marino, no tenía ojos para nadie más; veía a su papá —quien empujaba las maletas y ni cuenta se daba— como si fuera el mismísimo Dios. La escena era para gozarse.

La inocencia y amor de la nena emanaba por todo su cuerpo y me confirmaron mi percepción de que los pequeños traen impregnado ese mundo de lo sagrado de donde todos venimos.

Como vimos, poco a poco, con el crecimiento, el ego comienza a ganar terreno. Su autoestima y concepto de sí mismo comienzan a formarse. Cada palabra, cada caricia que reciba o no reciba, cada cuidado o falta de él, contribuyen a formarlo y perfilan su personalidad y seguridad.

Al ver a esta bebita en el aeropuerto, me pregunté ¿por qué los niños no pueden quedarse con esa mirada llena de amor toda la vida? ¿Qué se las roba? ¿Por qué los adultos, por más esfuerzos que hagamos para prolongar esa inocencia y amor incondicional, no podemos protegerlos para siempre?

Vivimos tiempos difíciles, como país, como papás, como parejas, como hijos, como personas. En el ambiente hay una sensación colectiva de desasosiego, de la cual pocas veces somos conscientes, o si lo somos, no deseamos expresarla. En las conversaciones cotidianas evitamos entrar a territorios delicados, dolorosos y pretendemos que todo está bien. Convivimos con el terror de las noticias que permean en nuestra vida, hasta llegar a acostumbrarnos, al grado de que ya ni la ceja levantamos.

Nos movemos de prisa y con prisa en una forma de evasión. Como si la rapidez nos hiciera olvidar aquello que nos duele. Y los niños observan y aprenden.

Hace poco me encontré una caricatura del famoso argentino Quino, creador de *Mafalda*. Su crítica acerca de lo que les enseñamos a los niños es breve y dura. Se compone de ocho cuadros:

1º. Un papá le señala un coche a su hijo de chupón y arriba dice "piernas".
2º. El papá le señala una computadora al hijo y arriba se lee "cerebro".
3º. El papá le muestra un celular al niño y le señala "contacto humano".
4º. El papá y el niño ven la televisión un programa en el que resalta el atractivo visual femenino. Se titula "Cultura".
5º. El papá le muestra a su hijo un basurero lleno de desperdicios. Lo titula "Ideales, moral y honestidad".
6º. El papá pone un espejo al niño en el que su imagen se ve reflejada. Se lee "el prójimo a quien amar".
7º. El papá le muestra un billete de cien dólares. Y le dice "Dios".
8º. Por último el papá con cara de angustia abraza a su hijo y Quino cierra con la siguiente frase: "Es importante que desde niño aprenda bien cómo es todo."

¿Por qué no optamos por voltear a ver los principios que no cambian nunca, como un recurso para la enseñanza de nuestros hijos? Me refiero a los espirituales, aquellos que lo regresan a casa y le recuerdan lo sagrado de su esencia.

Son los únicos que les pueden ofrecer un blindaje emocional en su vida, pase lo que pase. Además, veremos que también le regresan esa mirada llena de luz y amor con la que vino al mundo.

El niño de la selva: un enigma

Desde que conocí la película *El pequeño salvaje* (*L'enfant sauvage*), basada en una historia real y estelarizada por el también director francés, François Truffaut, en los años sesenta, mi concepto sobre la responsabilidad de los adultos con los niños se amplió por completo.

La cinta es acerca de un niño salvaje de alrededor de 12 años encontrado en los bosques franceses por tres cazadores, a finales de 1799; es el único caso científicamente documentado de esta clase.

Te invito a que intentes imaginar lo siguiente: llegas a este mundo y eres abandonado dentro de los bosques de Aveiron, en Francia. Estás solo, completamente solo. Desnudo y sucio corres en cuatro pies, trepas los árboles, bebes de los arroyos y buscas afanosamente bellotas y raíces para alimentarte. Tu cara y manos están llenas de cicatrices. Así pasas doce largos años en los que nunca tienes contacto con nadie.

Un día, los científicos te encuentran y te estudian en un laboratorio como si fueras un espécimen extraño. Nadie se explica quién te alimentó de bebé, ni quién te dio cobijo durante los rigurosos inviernos. Te nombran Víctor. Les llama mucho la atención darse cuenta de que tu organismo está deteriorado. No sientes frío ni calor y tu mirada de ojos negros es como la de un animalito; sin embargo tienes muy buena visión nocturna. Tu oído no responde a la mayoría de los sonidos, excepto al crujir de las ramas y los ladridos de un perro; no obstante tu olfato es asombroso.

Tampoco eres capaz de sentir o expresar sentimientos tales como ira, coraje o ternura. No tienes conocimiento, no hablas y no sabes quién eres. Muerdes y arañas a quienes se te acercan y no demuestras ningún afecto por quienes te cuidan. Lo único que anhelas es regresar a la libertad.

Nazco contigo y crezco a través de ti

Podemos concluir que al nacer somos sólo seres humanos en potencia. Que sin la relación con alguien como nosotros, distinto, que nos interpele, ame, exija, abrace, la esperanza de llegar a ser "humano" tal vez no se cumpla y el organismo se deteriorará. Que "conocer" viene de co-nacer, sólo a través de comunicarnos nos conocemos: yo nazco contigo y crezco a través de ti.

Que durante los primeros años de vida aprendemos las cosas más importantes y esenciales que marcarán nuestra existencia. No aprendemos de los discursos; las cosas que permanecen dentro de nosotros se nos graban a través del contacto, el contagio o la seducción. Así que mucho de lo que absorbemos es a través de la imitación, por lo que la presencia física y afectiva es fundamental; nos necesitamos.

> "Enseñamos lo que sabemos,
> pero transmitimos lo que vivimos."
> Roberto Pérez

Si me imagino siendo un niño, me daré cuenta de que como adulto a diario me enseñas algo con tu ejemplo; por lo que me puedes formar o deformar a tu antojo. De ti aprendo a hablar, a vestirme, a jugar en grupo, a obedecer a mis mayores, a ser violento o a rezar. De otra manera, ¿a quién y qué es lo que imito? Internet o la televisión pretenden ser mis maestros, y mi principal fuente de sabiduría, pero ¿te imaginas que eso fuera absolutamente cierto?

Es así que los hábitos, las recompensas de caricias y los castigos que me das, la forma en que se hablan los adultos uno a otro en la familia, se convierten en normas tatuadas en mi conciencia; recuerda que me enseñas lo que sabes, pero me transmites lo que vives.

Así que, papá, mamá, no teman marcar límites o poner altos. Entiendo que con el afán de hacer la vida en familia algo más informal, menos frustrante y más simpática, se quieran convertir en los "mejores amigos" de sus hijos. Pero así pierden de vista el verdadero papel de maestros que tienen; y ¿saben?, en la antigua Grecia se le llamaba "maestro" a aquel que contribuía a formar al hombre, a llevarlo hacia la luz, al bien. Esto no sólo es un valor en sí mismo, también es un acto de coraje y valentía. Porque como el niño de la selva, mi infancia será mi destino.

Papás: ¿Dónde estamos?

"¿Qué piensas sobre los Emos, Punk, Skin heads, Darks y demás tribus urbanas que hoy se dan como fenómeno social?" Me pregunta un reportero hace poco al término de una conferencia. Lo primero que viene a mi mente es la pregunta que encabeza este apartado: papás: ¿dónde estamos?

Esto no es nada nuevo y al mismo tiempo lo es. Durante todas las épocas de la historia moderna, hemos tenido diferentes expresiones de protesta por parte de los jóvenes en contra de lo establecido: con el lenguaje, el peinado, la música, tatuajes, formas de vestir, lugares que frecuentan y demás formas de comunicación. Códigos internos que marcan una pertenencia y una diferencia con el resto del mundo. Una personalidad e ideología propia que con la madurez abandonan.

Lo que considero preocupante es que, aunado a lo anterior, hoy tenemos un pequeño factor que se suma. Una forma nueva de convivir en la familia en la que actualmente todos buscamos adaptarnos, tanto el papá, la mamá, hijos, abuelos; este cambio en la manera de convivir con la familia lo considero la revolución social más grande de los últimos tiempos.

Pero, ¿qué factor es?, me dirás con ansias: la mujer, la mamá y señora de la casa, ya no estamos en casa. Y el papá, por generaciones no ha estado. Así de simple.

Las mujeres, en especial, estamos muy orgullosas de las oportunidades que hoy tenemos. Nos lo hemos ganado a pulso. La conquista no ha sido fácil y nos ha costado un largo camino de esfuerzo, lucha y sacrificio. Mantener varias pelotas girando en el aire al mismo tiempo es nuestra virtud. Pero por esos logros estamos pagando un precio. ¿Y esto qué tiene que ver con las tribus urbanas? Mucho.

Una de las razones, desde mi punto de vista, por las que hoy en día es cada vez más frecuente ver en los periódicos noticias del tipo: "Aumenta el suicidio entre los jóvenes." "La edad en el consumo de drogas se reduce." "La actividad sexual en los jóvenes inicia a temprana edad." "Aumentan las enfermedades de transmisión sexual." "La depresión entre los jóvenes es cada día mayor", y demás notas sobre alcoholismo, violencia, *bullying* ... fenómenos sociales que viven nuestros jóvenes, es porque mamá y papá faltan en casa.

Con base en los cuatro años y medio que dedicamos a la investigación de las inquietudes de los jóvenes, al estudio de grupos de enfoque que realizamos para la elaboración de los libros *Quiubole con...* llegué a la conclusión de que los jóvenes no se sienten vistos. No se sienten escuchados. Se sienten abandonados emocionalmente.

La falta de sentido, de pertenencia, provoca que los jóvenes busquen y se afilien a una familia o grupo en el que se sientan comprendidos y apoyados; que les aumente su autoestima, y les de un valor para hacer las cosas. ¿Cuáles? Todas las que no quisiéramos. Cualquiera que proporcione un tipo de evasión. Que disfrace o calle un dolor, sin importar si eso lo destruye o lo lleva a la muerte.

Papás, ¡despertemos! Cuando estamos presentes, no *estamos* en realidad. Siempre hay un celular, un correo electrónico que contestar, o bien, una novela que atender. Decía una señora mayor de edad, que los papás de hoy somos una especie de agentes de tránsito: "¿A dónde vas? ¿A qué horas llegas?¿Hiciste tu tarea? ¿Con quién vas?" Y consideramos que hacer estas preguntas a nuestros hijos es suficiente para saber de ellos, sin contar que, con mucha frecuencia, las hacemos ¡por medio del celular!

Es un hecho. A los papás, nadie nos puede sustituir. No hay abuelita, nana, guardería, vecina, *Game Boy,* computadora o película que supla lo que nosotros somos capaces de dar. ¿Quién sustituye un abrazo, una mirada, una palabra de apoyo, una presencia, un oído que lo escuche y lo entienda?

De hacerlo, el resultado será un niño seguro de sí mismo, sin necesidad de unirse a una tribu urbana y con un sentido de pertenencia familiar. Además, tendrá una maleta llena que le dará la seguridad y autoestima que necesitará en el futuro.

Las estrellas cambian vidas

La vida está llena de instantes; un instante tras otro forma un momento. Y dentro de los incalculables momentos que vivimos, hay unos que transforman tu vida y permanecen en la memoria para siempre.

Tenía diez años cuando tuve el primer momento transformador que tocó mi vida y fue una estrella. Desde entonces estoy convencida de que las estrellas son mágicas. Hace poco, otro acontecimiento me hizo recordar esa enseñanza particular.

Esa tarde Valentina no se quería bañar. Temía que la estrella dorada que le habían pegado en la frente, esa mañana en el kínder, se le fuera a caer. Orgullosa, mi nieta de dos años nos la presumía a todos, y me hizo recordar la sensación de tener la piel endurecida por la goma, así como el orgullo que sentí algunas veces durante el preescolar. ¿Lo recuerdas?

Sólo que cuando entré a la primaria todo cambió, mi sentir era el de traer una nube negra sobre mí: fui pésima para los estudios, pésima para los deportes y hasta pésima para bordar los mantelitos del día de las madres. Siempre fui muy distraída, por lo que nunca sabía qué había de tarea. Tener bajo cero la autoestima era mi estado natural.

A los once años viví una de esas experiencias que llegan al fondo del alma. Una mañana, cuando las mil doscientas niñas del colegio nos encontrábamos formadas para entrar a clases, me volteé a decirle algo a la compañera de atrás; la directora me vio y por el micrófono me llamó al frente y me subió al banco gris en que se paraba para que todas la viéramos. Entonces escuché el murmullo de inquietud de todas las compañeras al unísono, mientras en el altavoz escuché: "Miren, ella es el ejemplo de lo que *no* se debe hacer." Sentí cómo la sangre subía y encendía por completo mi cara; tenía ganas de llorar, de desaparecer.

Así, al finalizar el quinto año de primaria recibí mi boleta de calificaciones cruzada en rojo con una palabra escrita a todo lo largo: "Reprobada."

Por el temor a una fuerte y merecida regañiza, escondí la prueba del delito durante una semana, hasta que llegó el domingo por la noche y no me quedó más remedio que, con un nudo en el estómago, mostrar las calificaciones a mi papá —con quien se veían los asuntos serios.

Con toda calma mi papá vio la boleta, hizo una pausa, se quitó los lentes y me miró. "¿Por qué Gaby, si tú puedes con esto y más? Mira m'hija, en la vida las calificaciones no importan. Lo que importa es que en todo lo que hagas pongas tu mayor esfuerzo." Me lo decía alguien que sin estudios y con base en mucha tenacidad y trabajo había logrado salir adelante.

Después me tomó de los brazos, me miró fijamente a los ojos y agregó algo que haría que mi vida diera un giro de 180 grados: "Gaby, te voy a decir algo que quiero que te grabes y lo recuerdes siempre: *tú naciste con estrella*", y me abrazó. ¡No lo podía creer! Salí de ahí con una mezcla de alivio, profundo agradecimiento y un enorme peso sobre los hombros. En ese momento, bien a bien no entendí a qué se refería. Los problemas que ya tenía no eran suficientes, encima ahora tenía una estrella. ¡Qué compromiso!

Eso me enseñó que encontrar tu luz interior es la única manera de que otros la puedan ver.

Sin embargo, esa estrella de cuatro palabras que mi padre me puso en la frente, poco a poco, permeó en mi ser y transformó mi vida. A partir de ahí, que cursé por segunda vez el quinto grado de primaria, empecé a nacer, a sentirme segura, a ser mejor en los estudios; vaya, hasta en los deportes, bueno, creo que incluso caminé más derecha. No sabía cómo agradecerle a mi papá ese voto de confianza; sólo sabía que no podía fallar y que lo adoraba más.

Lo que descubrí fue que, al lograr cosas, lograba el reconocimiento, la mirada y el agrado de mi papá, por lo que pensé: "Este es el camino."

Después me casé, tuve tres hijos y comencé a trabajar. Convertí mi carrera en un reto para lograr, demostrar y, sobre todo, conseguir mi propio respeto. El éxito parecía ser la respuesta y la salvación. Así que me dediqué a obtenerlo. Me convertí en "trabajo-adicta".

Durante mis veinte, treinta y parte de mis cuarenta años estuve tan ocupada y desconectada de mí misma —ahora, a distancia lo sé— que no tenía tiempo de voltear a verme. Hasta que la vida me tomó por los hombros y me dio una fuerte sacudida: ocurrieron las muertes por accidentes de dos personas que eran parte de mi corazón y que consideraba invencibles y permanentes, fueron las de Pachela, una de mis mejores amigas, y de Adrián, mi hermano menor de 41 años que, por su manera de ser, era el alma de la familia.

El despertar

Es posible que la pena que de repente nos llega sea una conjura del alma para salir de la anestesia en que vivimos. El dolor nos abre, y quiero pensar que esa es su única razón de existir. Y fue precisamente lo que me sucedió: desperté.

Con estos terremotos que la vida me dio, me confronté con varias cosas antes ignoradas: entendí lo definitoria y no negociable que es la muerte, que me pegó como una bofetada en la cara. Llega y se acabó, aun cuando pienses que tendrás a los tuyos y los buenos momentos para siempre.

Pachela y Adrián, queridos por muchísima gente, me dejaron una gran lección: la gente no te quiere por lo que tienes, por lo que logras o por el puesto que ocupas; la gente te quiere por cómo la haces sentir.

Además, el éxito ¿dónde queda?, ¿qué sentido tiene? Para conseguirlo había dejado tiempo con mis hijos, con mi familia, tiempo para mí misma, creyendo que era la forma de corresponder, ser reconocida y lograr sentirme feliz. Pero esta creencia era igual al espejismo que veía en la carretera cuando de niña le apostaba a mi papá, con toda firmeza, la existencia de agua a lo lejos. ¡Qué ilusión!

También caí en la cuenta de lo cierto que es aquello de que es importante repartir invitaciones a nuestro funeral. Yo no lo había hecho. En la misa de Adrián, recuerdo estar asombrada de la cantidad de gente que fue a despedirlo, tanto que, con remordimiento, le hice prometer a mi hermano Ernesto —espero lo cumpla—, que el día que me muera por lo menos lleve a algunos acarreados.

La gente te quiere por cómo la haces sentir.

El dolor abre

El dolor te transporta a las oscuridades del sótano tres; sin embargo, ahí descubrí una puerta de luz maravillosa que no hubiera descubierto jamás en la superficie. Esa puerta dentro de mí me daba una inexplicable paz y serenidad, una dulce tristeza y consuelo. Me había conectado. Nada te da tanta serenidad como llegar al *nido del ser*.

Fue un encuentro con mi propio ser, mi verdadera casa. Fue entonces cuando tuve una especie de epifanía: ¡esa era la verdadera estrella a la que mi papá se refería! No la del logro efímero.

También aprendí que no hay suficiente quehacer que sustituya al ser. Que cuando el alma susurra para que le pongas atención, el ego grita para que lo atiendas. La lucha es constante y dura; el ego es muy hábil, se disfraza con mil voces. Como consecuencia, obtenemos sólo espejismos de la felicidad.

> "No escoges aprender de la experiencia.
> Sólo puedes escoger si lo haces
> desde el dolor o desde el amor."
>
> *UN CURSO DE MILAGROS*

El Buda de Tailandia

Desde que conocí esta historia, me parece la metáfora perfecta que refleja cómo somos y de lo que estamos hechos los seres humanos. Durante ochocientos años, nadie lo supo...

> A mediados del siglo xx, en Tailandia, unos monjes budistas decidieron cambiar de lugar a un Buda de terracota albergado en un monasterio construido en el siglo xiii, pues por deterioro amenazaba con derruirse. Al iniciar el traslado, notaron que el buda se cuarteaba, así que renunciaron a la tarea para consultar a un experto.
>
> Entrada la noche, un monje movido por la curiosidad acudió con una linterna a revisar las cuarteaduras del buda. Al acercarse a ellas, se percató de que le regresaban un brillo cegador; por lo que decidió tomar el martillo y el cincel para ensanchar un poco más una de las grietas y el brillo se hizo más intenso. Asombrado descubrió un tesoro nunca antes

visto: el Buda de casi dos metros de alto, estaba hecho de oro macizo.

Durante esos ochocientos años, ¿cuántas generaciones pasaron sin descubrir el tesoro? ¡Te imaginas! ¿A cuántas personas nos puede suceder lo mismo? ¿Cuántas veces no vemos lo que tenemos ante los ojos, por no ir más allá de lo evidente, de lo inmediato? Esto puede equivaler a vivir y morir en automático, sin sentido alguno.

Oro y tierra

De esos dos elementos estamos conformados. Por dentro oro: luz, bondad, paz, creatividad, sueños, amor, perfección. Peeero, por fuera tierra: seres imperfectos que se cuartean fácilmente. En ese tejido exterior, compuesto de tierra y ego, anidan fácilmente la falta de sentido, el ego, la lujuria, la ira, la vanidad, la gula y demás linduras.

El secreto para descubrir ese tesoro interior que nos proporciona paz, tranquilidad, equilibrio, no está afuera de nosotros, como solemos pensar. Tampoco se encuentra en la cima de la montaña que soñamos conquistar y por la que sacrificamos tiempo de convivencia familiar, salud y descanso. ¡Qué equivocación!

La magia de las estrellas

Todos la merecemos. Al repartirlas en modo de palabras, de amor, de apoyo y abrazos, incluso de papel dorado, pegadas en la frente, la conjura comienza. Logramos ver esa parte de luz que con frecuencia ignoramos tener.

Por lo pronto, yo me encargaré de llenar a Valentina de las estrellas con las que se pueda bañar toda su vida sin temor a perderlas, para que la acompañen por siempre.

SI TÚ ME VES, YO ME PUEDO VER

¿Alguna vez en la escuela fuiste víctima de "la ley del hielo"? Piensa en cómo te sentiste. Nadie te dirige la palabra, nadie te ve. Es una forma muy cruel de castigar a alguien sin limitar su libertad o ponerle un dedo encima.

Todos en algún momento hemos sentido el malestar de no ser vistos, reconocidos o respetados. Como si lo que los demás vieran en nosotros fuera una versión degradada o menos nítida de quien en verdad somos. Esto sucede en el trabajo, en reuniones sociales, incluso dentro de la propia familia. Sentirte ignorado no sólo te duele sino que impacta tu auto imagen y autoestima. Lo malo es que también nosotros hemos actuado de la misma manera con otras personas. ¿Lo hacemos por flojera?, ¿por falta de tiempo?, ¿porque implica mucho esfuerzo ver más allá de la superficie? Con mucha frecuencia tú y yo optamos por tomar una versión taquigráfica del otro.

Por otro lado, qué agradable y cómo agradeces cuando una persona te trata con un poco más de atención y paciencia para captar cómo eres en realidad; te saluda por tu nombre o durante una conversación te incorpora con la mirada. El mejor ejemplo que he tenido de esto ha sido Miss Tota Guerrero, una mujer que todas las mañanas durante treinta años recibía de pie y con sonrisa a todos los papás y a los alumnos en las puertas del kínder que dirigía: "Hola Pablito." "Buenos días Cristy." "¿Cómo sigues de tu pancita, Carla?" ¡Se acordaba de todos los nombres! Año, tras año. Era un detalle aparentemente sólo de tipo social, sin embargo, bien visto era decirle al niño: "En este lugar eres importante. Eres alguien." ¿Te imaginas cómo se siente un niño cuando nadie le hace caso? Siente que a nadie le importa y que es igual a cero.

Imagina que esa personita llena de un maravilloso potencial de amor, de inteligencia, de creatividad es percibida como una más del montón y, además, cuando se le llama la atención recibe adjetivos como "difícil", "tonto", "insoportable" y demás. ¡Qué delicado! Cuando alguien no ve nuestro verdadero yo desde la niñez nos causa una herida en el alma que nos acompañará en la vida adulta.

Lo que refuerzas en otro se fortalece
también en ti. Lo positivo nutre
a lo positivo y lo negativo a lo negativo.

Todo lo anterior forma un coctel intangible que perfila nuestra manera de ver la vida, pero sin duda el mejor ingrediente es la voluntad.

El beneficio es muto

El mundo cambia por completo si alguien me ve por quién soy y me siento respetada. Estás de acuerdo que reconocer al otro es un acto de generosidad que implica tiempo, atención y una dosis de humildad para ceder los reflectores. Es "respetar" al otro, palabra casi en extinción que proviene del latín *respicere* y significa observar, considerar, voltear atrás. Puedes llevarla a la práctica en la manera en la que ves a los demás. Dicho sea de paso, esta mirada nunca es neutral, porque con ella proporcionas energía y vida. En cambio, la falta de atención hacia el otro, absorbe, chupa y elimina dicha energía. Sí, es cierto, tenemos el poder de transformar aquello que vemos. Y para ver, para realmente ver, sólo necesitas un instante. Lo cual me recuerda el sentido de una hermosa palabra...

Si alguna vez has tomado una clase de yoga, habrás comprobado como al término de ésta todos los alumnos juntan las manos a la altura del pecho y hacen una reverencia al mismo tiempo que pronuncian la palabra del sánscrito: "namasté", con cuyo significado di inicio a este libro.

Durante varios años hice el gesto de una forma mecánica, intuyendo que significaba un somero "gracias". Cual fue mi sorpresa al enterarme del verdadero sentido de la palabra: *na-ma* significa "yo-no" y *te* se refiere a "ti" o "Dios". Es decir, mi ego toma un paso atrás, para reverenciarte a ti, Dios. Al mismo tiempo, la inclinación es una reverencia a esa parte de divinidad que está en el otro y en cada uno de nosotros, es decir, "saludo al Dios en ti". ¿No es precioso?

En algunos países orientales, la palabra "namasté" es parte de la vida diaria; más que un "hola" es un saludo de profundo significado; y las personas lo realizan conscientes de ello.

Varios estudios han demostrado cuán sabio es el famoso y muy conocido "Efecto Pigmalión" que consiste en que si yo cambio mi percepción de ti, tú cambias. Los estudiantes que son vistos por su maestra como los más inteligentes, se convierten en los más inteligentes. Los empleados que son vistos como los más cumplidos y eficientes por sus jefes, se transforman en eso. Nuestra percepción es como un rayo de luz que ilumina una planta, la hace más visible, la nutre y estimula su crecimiento.

Conforme cambias tu actitud, alteras la dinámica de cada interacción, como sucede con las ondas al arrojar una piedra en el agua, y a la vez impacta el vasto tejido de las relaciones humanas.

El cuidado del otro por la vía de tu atención cuidadosa, cambia no sólo al que lo recibe sino a ti que lo das. ¿Por qué no incorporar ese saludo tomado del hinduismo, del budismo y el jainismo para aplicarlo a nuestra vida cotidiana?

Recordemos una vez más el sentido del saludo namasté: "Honro ese lugar en ti, donde reside el Universo. Honro ese lugar de luz, de integridad de sabiduría y de paz. Cuando estás en ese lugar en ti y yo estoy en ese lugar en mí, somos uno." Y así juntos podemos hacer un mundo mejor.

Anorexia verbal

Grave error haberles prestado el celular. "¿Qué les pareció la obra niños? ¿Qué personaje les cayó mejor? La música ¿les gustó?" Silencio... Era la primera vez que los niños asistían a una obra de adultos —*Chorus Line*— y por lo mismo nos interesaba conocer su percepción sobre los temas: "la homosexualidad", "el abandono", "la lucha por salir adelante", en fin. Adiós oportunidad.

"¡Qué tontos fuimos!", nos reclamamos con la mirada Pablo y yo. Una vez imbuidos en la dimensión desconocida de sus respectivos jueguitos, Diego y Pablo, enmudecidos, competían, mientras Nicolás esperaba su turno para retar. En ese momento quitarles el celular para forzar la plática ya no era opción.

Aterrada pensé: "Nuestras conversaciones se adelgazan." Pareciera que hemos incorporado a la vida diaria la norma de los 140 caracteres requeridos en Twitter. Pero la anorexia verbal no es un tema que atañe sólo a los niños, es un mal que ataca a todos. Entre más rápido vamos, mayor es el padecimiento. La competencia ¡es enorme! Hoy apenas tenemos tiempo para leer los encabezados del periódico, analizar los sonidos, atender la nota del refrigerador, conectarnos con las redes sociales, contestar llamadas, radios, mensajes de texto y correos electrónicos. ¡Puff!

El peligro de estar siempre en lo superficial es que nos atrape. Sabemos que comunicarnos es lo más importante para que la relación con tus hijos, con tu pareja o con tu jefe y empleados funcione; lo irónico es que no ponemos en práctica la teoría. Y así como tener un piano no te hace pianista, tener un hijo no te hace padre, o tener oídos y boca no te hace buen comunicador. Y el resultado afecta todo y a todos.

De pronto, nos extraña ver cómo el distanciamiento y la fuerza de la entropía empañan nuestras relaciones; es entonces que nos detenemos y añoramos más tiempo para leer, para entablar una conversación nutritiva o simplemente para bajarnos del camión y descansar. Pero nunca es demasiado tarde.

Anorexia en la familia

Vivir bajo el mismo techo no garantiza la cercanía emocional. Y es curioso pero, aunque hablamos con las personas más importantes en nuestra vida, no tocamos los temas que en el fondo nos afectan. ¿Incomodidad? ¿Temor a la intimidad? ¿Indiferencia?

Decimos que no tenemos tiempo para comunicarnos, sin embargo pasamos más de veinte mil horas anestesiados por la televisión, que en su mayoría nos ofrece contenidos que requieren el mínimo de inteligencia. O bien, somos miembros presentes pero ausentes; y al estilo noticiero nos comunicamos en promedio sólo ocho minutos al día.

Como papás queremos que nuestros hijos sean felices, pero ¿les hablamos del tema? ¿O platicamos sobre lo que percibimos como "alma"?, ¿o sobre el bien y el mal, el arte, la belleza o la muerte? ¿Les decimos cuánto los queremos? ¿Saben nuestras aspiraciones y temores?

Te invito a intentarlo. La conexión que haces con ellos, de niños o adolescentes será el tapete de tu buena relación cuando sean adultos.

Schopenhauer y tus hijos

Las personas tenemos la maravillosa capacidad de transformar todo si así lo queremos, de "crear el mundo que queremos ver", decía Schopenhauer.

A este respecto, cómo olvidar en la película *La vida es bella*, la escena en la que Guido, encerrado con su familia en un campo de concentración, le hace creer a su hijo que el Holocausto es un juego divertido, y que todo lo que el soldado alemán vocifera son las instrucciones para el concurso cuyo premio es un tanque de guerra. ¿La recuerdas?

Viene a mi mente esta historia al pensar en lo que hoy pasa por la cabecita de un niño que percibe por todos los medios a su alrededor, en conversaciones de adultos, en noticieros de radio y televisión, los hechos sumamente violentos que ocurren en el mundo y en nuestro país. Esta inquietud me lleva a cuestionarme: ¿puedo o podemos hacer algo?

Por mi salud mental y por la de mis hijos y nietos, he optado por seguir la filosofía de Schopenhauer, quien con su teoría me proporciona una esperanza y una salida. Es decir, podemos ver el mundo que queremos ver y crear, momento a momento, esa realidad que se nos escapa siempre.

De acuerdo con el filósofo del siglo XVIII, vivimos en un mundo de representación. Todo es subjetivo; la realidad depende de la manera en que cada quien interpreta las cosas. Basta escuchar las diversas opiniones entre un grupo de amigos acerca de algo tan intrascendente como una película, u observar las jugarretas que la mente nos hace al tratar de dilucidar si la figura que vemos es un pato o un conejo en uno de esos dibujos con ilusión óptica.

Cada cual filtra la información e interpreta el mundo de acuerdo al bagaje que tiene, tanto genético como de experiencias acumuladas. Tú y yo somos la ciudad en la que crecimos, las historias que nos contaron, la escuela a la que fuimos, el ejemplo de familia que tenemos, los amigos o maestros que tuvimos y demás. Sería acertado imaginarte a cada persona a tu alrededor con una especie de coladera —de esas que se utilizan en la cocina— sobre la cabeza, con la peculiaridad de que cada una de ellas es diferente. Hay tantas formas y tamaños de coladeras como habitantes en el planeta. Distintos mapas del mismo territorio. Si sólo comprendiéramos esto, seríamos mucho más tolerantes. Es esta capacidad de interpretar las cosas lo que nos distingue unos de otros y nos humaniza.

Entonces, ¿qué idea del mundo les quiero regalar a mis hijos? De acuerdo con Schopenhauer hay dos formas de vivir este mundo de desencanto.

Una opción es contaminar el ambiente familiar convirtiéndonos en voceros de los noticieros y conversar frente a los niños sobre todo lo malo que acontece. O bien, no hablar ni expandir las malas noticias; simplemente crear la magia y optar por regalarles, como Guido a su hijo y en lo posible, un mundo bello. Hablarles con pasión de nuestro país, para sembrar sus encantos en su mente, referirnos a las tradiciones, la música, los poetas, la historia y ¡tantas cosas más!

Pero lo anterior es una irrealidad, podrás argumentar. Sí, pero como diría Schopenhauer, la realidad es lo de menos. Lo de más es la subjetividad, cómo queremos ver la vida. Si no hablamos de la violencia, evitamos las noticias frente a ellos y cuidamos lo que decimos, en lo posible simplemente no existirán.

La palabra *personae,* del latín, significa “máscara”. Nuestra personalidad no es más que una máscara que cubre una realidad. Qué importa lo que pase en el mundo, lo que importa es cómo lo percibes. Incluso, “ante un problema —afirmaba el filósofo— debes saber que el problema no existe, lo que existe es cómo tomas el problema”. Tú escoges.

4

Conéctate con tus amigos

Somos un imán

"¿Cómo te sientes?" Pregúntatelo porque ¿sabías que lo que piensas lo sientes, lo que sientes lo vibras y lo que vibras lo atraes? Los seres humanos tenemos una especie de fuente de energía que envía señales de un ser a otro. Sólo requerimos 16 segundos para conectarnos vibratoriamente con el objeto de nuestra atención.

Cuando una persona entra a un lugar, de inmediato percibimos algo que va más allá de su arreglo o su vestir, algo que a nuestro entender expresamos como "buena o mala vibra"; al mismo tiempo intuimos —casi siempre con certeza— mil sutilezas acerca de ella. A partir de las maneras de ser del observador y del observado, también captamos si nos será fácil llevarnos con esa persona o no.

"Aunque todavía es un aspecto poco conocido de la inteligencia humana, en la comunicación no verbal se ha descubierto que hay un sinfín de señales imperceptibles, de campos electromagnéticos que apenas empezamos a identificar", me comenta mi querido amigo y científico, Enrique Ganem, mejor conocido como "El Explicador".

Sabemos que los pensamientos crean emociones y que las emociones son energía en movimiento. Sin embargo, experimentos como el de "La pared de cobre", realizado por el doctor Elmer Green, autor de *Beyond Biofeedback*, comprueban que nuestros pensamientos generan una frecuencia vibratoria y que enviamos señales eléctricas incluso a distancia. Es decir, somos una gran antena que emite y recibe constantemente intenciones y vibraciones electromagnéticas.

Lynn Grabhorn, en su libro *Excuse me, your life is waiting,* afirma que los diferentes pensamientos generan diferentes vibraciones (emociones). La razón por la que nos sentimos tan bien cuando estamos plenos, felices, agradecidos, contentos y entusiasmados es que en esos estados de ánimo vibramos con frecuencias altas, las cuales se corresponden con nuestra naturaleza. En cambio, pensar cualquier cosa negativa, sentir soledad, estrés, miedo, enojo, culpa, incluso una leve preocupación, nos afecta porque esas emociones basadas en el miedo vibran dentro de nosotros con frecuencias muy bajas; y aunque las oprimamos en el fondo de nuestro ser para no lidiar con ellas, continúan vibrando y, conscientemente o no, las transmitimos.

Lo interesante —y preocupante— es que las frecuencias bajas son tan magnéticas como las altas. Como también lo similar puede atraer a lo similar, es posible atraer a nuestro mundo cualquier cosa que tenga la misma frecuencia que nosotros. Lo increíble es que, como dijimos, con sólo 16 segundos de concentración en algo positivo o negativo, en lo bueno o en lo malo, comenzamos a vibrar en la misma frecuencia.

Es como cuando afinas un piano y activas un diapasón en un cuarto lleno de otros diapasones de diferentes calibres y tensiones; sólo los que estén calibrados en la misma frecuencia harán resonancia con sus pares, aun si se encuentran del otro lado del Estadio Azteca. Así que ojo con lo que pensamos, porque puede convertirse en el círculo virtuoso o vicioso en nuestra vida, por el que continuaremos atrayendo más de lo mismo.

El reto está en darte cuenta de cómo te sientes y cuál es la causa para cambiar el *switch* de aquello que te produce ansiedad o irritación; si está en tus manos cambiarlo, hazlo, imita a los patos o a los perros cuando se sacuden enérgicamente el agua y si no, deja de pelear con lo inevitable, acéptalo y enfoca tu energía en algo positivo, para abrir las válvulas internas a las frecuencias altas que te hacen sentir bien. De esta manera lograrás sentirte más conectado con tus amigos, evitarás conflictos o distanciamientos con ellos. Finalmente, son ellos quienes más nos conocen, los más sensibles a nuestras vibraciones, quienes detectan con mayor precisión nuestros estados de ánimo. Por eso mismo, mandarles buenas señales a ellos es particularmente importante. Así lograrás rodearte de gente positiva que vibre en la misma frecuencia que tú.

Te invito a auditar regularmente cómo te sientes, porque lo que piensas lo vibras y lo que vibras lo atraes.

Tu energía ¿qué emana?

Hay cosas que no sabemos que sabemos. La energía que emanamos y que percibimos de los demás es una de ellas.

Con seguridad te habrás dado cuenta de que hay algunas personas que al estar con ellas te llenan de energía, de gusto por la vida, de "buena vibra" como solemos decir; y otras que te la quitan como aspiradoras en unos cuantos minutos y te dejan agotado, incómodo o pesimista. Asimismo, ¿te ha pasado que la energía de alguien es tan fuerte que con su sola presencia provoca que, para bien o para mal, cambie la química del grupo o incluso del lugar?

Durante los dos años de la primera temporada del programa de televisión que realizamos, tuve sentadas en el mismo sillón frente a mí a diferentes personas. Es curioso cómo a través de la repetición de la situación me fui haciendo cada vez más sensible a la energía que cada entrevistado o entrevistada emanaba. Estoy segura de que esto mismo le sucede a cualquier comunicador, doctor, abogado o practicante de cualquier profesión cuya tarea conlleve estar en contacto o entrevistar con frecuencia a las personas.

En la vida diaria, sin necesariamente percatarte de ello, cada vez que entablas una conversación con alguien conocido o desconocido, se forma entre los dos una especie de entidad que tu intuición reconoce como hostil u hospitalaria. Es decir, en las relaciones personales, uno más uno suman tres.

Un "algo" en el ambiente

Observa cómo al sostener un simple diálogo con alguien que te atiende en un restaurante o con un amigo que saludamos de pasada, o al tener una conversación profunda con tu pareja, se forma con la interacción y el trato un "algo" que flota en el ambiente. Ese "algo" se construye y se percibe a nivel energético, es una sensación que invita o rechaza. Cada detalle, cada palabra, cada gesto o silencio contribuyen a que se sienta de una u otra manera.

Hay ocasiones en las que puedes sentir cualquiera de las dos energías, incluso antes de decir "mucho gusto". Sin embargo, al momento siguiente las palabras se apoderan de la relación y, con las palabras, vienen los papeles que jugamos. A la energía se le interpone el juicio y la razón, por lo que hacemos a un lado la intuición.

Cuando en el arte decimos "algo en mi interior se mueve al ver, leer o escuchar una obra", hablamos de esa energía que el artista logra transmitirnos al conectarse con su interior a través de la narrativa, la pintura, la escultura, la música o la actuación; dicha energía permanece a través de siglos, cruza fronteras y culturas. Es precisamente por eso que alguien merece ser llamado "artista".

En esto, tanto los bebés y —perdón por la comparación— los perros son grandes sabios. Ellos no entienden de palabras, ni del puesto, ni del título y menos de la cuenta bancaria de alguien. Ellos perciben a las personas exclusivamente por su energía y por instinto reaccionan de acuerdo con ella. Así, suelen acertar sobre quién es honesto en su intento por ganárselos y quién lleva a cabo una mera actuación. Es por eso que como respuesta, aceptan irse o no con quien le pide los brazos, le sonríe o le frunce el ceño. También el perro le ladra a quien rechaza.

Es así que, sin importar qué digas, qué hagas o qué cara le des al mundo, tu campo energético, producto de tu estado mental y emocional, informa a la persona atenta la realidad de quién eres.

El reto que tenemos es hacernos conscientes de quién es en verdad el otro, a través de la conexión y estar presentes durante la interacción. Y tu energía ¿qué emana?

El poder de la intención

La prueba no era sencilla. Ocho maneras de ser, ocho maneras diferentes de pensar. Por primera vez, desde hace algunos años, hermanos y cuñados pasamos juntos, sin hijos y bajo un mismo techo, una semana de vacaciones en la montaña.

En una familia grande como la nuestra (de 53 integrantes), los encuentros familiares como los cumpleaños, aniversarios o las navidades, suelen ser multitudinarios; por lo que las pláticas tienden a navegar en la superficie de los temas del momento: noticias, política, películas, acontecimientos y demás. Y si bien tenemos muchas cosas en común, en lo que se refiere a formas de pensar o de ver la vida somos el vivo ejemplo de la torre de Babel.

A mis papás debo reconocerles —aunque no sé exactamente cómo le hicieron— que lograron tatuar en los siete hermanos y cuñados algo muy importante que, de hecho, fue su intención en la vida: "La unión familiar ante todo".

Siendo tantas personas en la tribu es de suponer que las pruebas que con el tiempo hemos afrontado no siempre han sido sencillas ni fáciles. Pero hemos sobrevivido; en los momentos felices ha sido un gozo contar con ellos, en los difíciles ha sido pese a todo, y en los dolorosos ha sido un gran alivio sentirse cobijado y parte de una red de apoyo incondicional. Sin embargo, el tema no es la familia, el tema es la *intención*.

Una intención es un compromiso hecho con conciencia que impacta de manera inconsciente todo lo que hacemos.

Muy diferente de un *cumplimiento* ("cumplo y miento") en el que se trata de satisfacer al otro, una intención es un compromiso con uno mismo.

La intención en cualquier momento de la vida marca la diferencia. Por ejemplo, en un viaje ¡cómo se agradece cuando todos tienen la intención de convivir y pasarla bien, que se refleja en los actos, las actitudes y palabras. Suena trivial mas no lo es. Si no existe tal intención, el viaje en familia o entre amigos puede ser una pesadilla y provocar conflictos incluso a largo plazo.

Es cuestión de escoger

En cada momento o en cada decisión cotidiana se nos presenta siempre, por escasos segundos, una opción: "¿Lavo los platos o me hago tonto?" "¿Me abro y comparto mis sentimientos o uso la máscara de 'aquí no pasa nada'?" "¿Coopero con la cuenta o me paro al baño?" "¿Me enojo o me río de mí mismo?", así tantas y tantas opciones cotidianas más, pequeñas o grandiosas, que requieren poner todo de nosotros y que transforman una relación, una familia, un viaje o una vida.

Es cierto, a veces lo que escoges te ayuda a ser más feliz y otras tantas muy infeliz. Optar por la felicidad no siempre es fácil ni cómodo, pero la disyuntiva siempre se presenta en el aquí y el ahora.

"¿Cuál es mi intención para hoy?", es una pregunta que puedes realizar a manera de meditación todas las mañanas para situarte en el ahora antes de comenzar el día. De hecho es una forma de *escoger cómo vivir la vida.*

"Disfrutar lo que hago" es una de las intenciones que escribo en mis páginas matutinas. En realidad, el goce es una invitación constante que la vida nos hace y con frecuencia olvidamos para de pronto recordar y nuevamente olvidar y así sucesivamente. ¿Pero qué pasaría si tratáramos de tener esa intención continuamente presente? Así es: a mayor conciencia, mayor calidad de vida.

A pesar de las distintas maneras de ser y de pensar, en esas vacaciones cada uno de los hermanos enriquecimos nuestras vidas a través de la apertura y la íntima convivencia; y sin buscarlo, con nuestra intención reafirmamos la intención de mis padres: la unión familiar ante todo. Nos dimos cuenta de que además de parientes somos amigos. Personalmente este descubrimiento me llena de dicha.

El camino de Santiago

No sabía qué esperar del famoso Camino de Santiago. Había escuchado que le daba un sentido distinto a tu vida y mi esposo llevaba ocho meses muy ilusionado con realizarlo. Así que me propuse pasarlo bien. Lo que ignoraba era que dicha intención tendría varias pruebas.

La única indicación del organizador del viaje fue: "Llévense sólo lo indispensable." "Primer reto", dije en mi interior.

"La ruta que haremos no es la tradicional, ésta sale de Oporto, pero es una de las tantas que hay para llegar a Santiago de Compostela, recorridas desde la época de los romanos por los peregrinos de todas partes del mundo. Montaremos a caballo durante seis días —¡seis días!—, de cinco a seis horas diarias para recorrer en promedio de 165 a 175 kilómetros en total", me dijo Pablo mi esposo, quien afanosamente marcaba con un plumón en un mapa cada pueblo pequeño y camino que recorreríamos. "Segundo reto", volví a pensar: nunca había estado sobre un caballo más de tres horas, y eso sólo en ocasiones especiales, pero el entusiasmo de mi marido me encantaba.

Me intrigaban nuestros 16 compañeros de viaje, tres mujeres y trece hombres a quienes, con excepción de tres personas, conocimos hasta llegar al punto de encuentro. Ahí me di cuenta de que Pablo y yo éramos la única pareja. La buena vibra de todos se sintió desde el primer contacto visual. De entrada, me cayó bien el guía con su concha de vieira al pecho amarrada a una tira de cuero, un sombrero añejo y su aspecto desenfadado.

Comenzó el camino y sus retos. Los caballos flacos, sucios, sobre-trabajados y muy cansados, nos vieron llegar con recelo después de haber transportado peregrinos durante cinco meses sin descanso. Atravesamos campos, viñedos, piedras, ríos y asfalto. Los jinetes asoleados, cansados y polvorientos nos hospedábamos en pequeñas casas rurales muy sencillas. El dolor en la espalda baja, los glúteos y la entrepierna aparecieron desde el primer día, ninguno se quejó. La comida organizada y pagada previamente consistía en cosas muy básicas y frugales.

El no estar conectada a internet, a Twitter y a mis correos al principio me provocó angustia y un sentimiento de quedar mal con no sé quién por no estar disponible. Eso lo tomé como un reto más. Esa ansiedad poco a poco se relajó hasta que me di cuenta de que no sólo no pasaba nada, sino que podía estar más conmigo misma, con mi esposo, con la naturaleza, con el momento y con mis nuevos amigos. Cuánto se agradece cuando en un viaje cada miembro del grupo se muestra paciente, generoso, flexible y con buen espíritu. Hay una buena intención.

A lo largo del trayecto, con frecuencia formados en fila India, tuvimos mucho tiempo para estar en silencio, para pensar, observar, agradecer y meditar; también tuvimos otros lapsos en los que el camino permitía tener ricas conversaciones con el compañero que casualmente nos tocaba junto. Las pláticas fueron desde lo trivial y divertido hasta lo profundo e íntimo. El contacto con la naturaleza, con el caballo, con la tierra que de algún modo quita máscaras, te conecta más con tu yo interno y, por lo tanto, con las personas también.

El viaje fue pesado, aleccionador y gozoso por muchos motivos. Al llegar a Santiago y hospedarnos en un parador que me pareció un palacio, me pregunté cuál había sido mi sentir al recorrer el Camino. Lo primero que me nació fue abrazar con profundo agradecimiento a Pablo mi esposo por tenerlo, por tenernos. Con el espectáculo del botafumeiro desplazándose a sesenta kilómetros por hora y su aroma de incienso, en compañía del grupo y frente a los restos de Santiago, di gracias a Dios por la vida, por esa experiencia, por los amigos, la salud, las bendiciones y el privilegio de la vivencia. La intención de todos de pasarla bien se cumplió.

El viaje fue geográfico, pero también espiritual.

Los secretos son como las estrellas

"Pssst, pssst, ¿te cuento un secreto y no se lo dices a nadie?"

Con la mano que cubre la boca y en un tono muy bajito, a todos nos han dicho esa frase alguna vez en la vida. Por lo mismo, sabemos que esas palabritas nos despiertan una gran avidez por enterarnos tan rápido como sea posible de lo que nos insinúan. Sin embargo, antes de apurar la respuesta, sería bueno que consideres que un secreto nunca es un saber sin consecuencias. El estrés que causa puede ser dañino para tu mente, cuerpo y espíritu. Incluso hay estudios que afirman que puede afectar el sistema inmunológico y la longevidad.

Una vez que escuchas el secreto, hay ocasiones en las que lo revelado te provoca risa o morbo; otras, gusto, indignación o una enorme tristeza. Sin embargo, hay ocasiones en las que la información es tan fuerte y seria que nos quema por dentro como una bola de fuego y no sabemos qué hacer con ella, ni en qué parte del cerebro o del cuerpo guardarla.

Los secretos son como las estrellas: una concentración de energía que hierve a altas temperaturas y que tienen dos maneras de morir. Están las estrellas pequeñas que con el tiempo simplemente se queman, se enfrían y se convierten en lo que los astrónomos llaman "enanas blancas". Y las que son "estrellas masivas" que al colapsar adquieren un estado muy denso, con una gravedad tan elevada que ni la luz escapa de ellas. Esto provoca que se forme un "agujero negro" que absorbe todo lo que le rodea.

Ese es el riesgo que corremos al querer enterarnos a como dé lugar de algún secreto, o bien, al guardar nuestros propios secretos sin darles salida alguna. Si se trata de un secreto que no rebasa la calidad de "chisme" o se trata de algo sin relevancia, al poco tiempo su energía se pierde y se desvanece de tu sistema; mas si es algo serio, grave o maligno, se apodera de tu energía como el "agujero negro", oscurece y absorbe todo cuanto te rodea y siempre, de alguna forma, busca salida.

**Todas las vidas tienen secretos.
Debajo de un secreto o de una mentira
encubrimos siempre una verdad.**

La doctora Gail Saltz, en su libro *Anatomía de una vida secreta: la psicología de vivir una mentira*, describe cómo aún una mentira pequeña, como reportar ingresos menores en la declaración de impuestos, tiene una influencia gravitacional en el mentiroso, quien se enfocará a no contar lo que hizo. "Quienes guardan un secreto se pueden convertir en personas retraídas, poco

comunicativas, con extraños cambios de humor o aislarse por completo", afirma Saltz.

Las tres preguntas

Para determinar si el secreto que guardamos es una "enana blanca" o un "agujero negro", haz un alto en el camino para hacerte las tres preguntas que a continuación comparto:

¿Qué tamaño y peso tiene tu secreto?

¿Cómo me siento con esta información? Si guardas o has guardado un secreto grave, como un abuso sexual, infidelidad o haber sido víctima de algún tipo de violencia, puedes darte cuenta de cómo muchos aspectos de tu vida parecen irse por un "agujero negro". Después de décadas de silencio, quizá notarás sus efectos en tu forma de relacionarte, en tu capacidad para abrirte a los demás o en la intimidad.

¿Guardar este secreto permite o provoca que alguien salga lastimado? Este punto suele ser muy difícil, ya que, por un lado, hicimos la promesa de no revelarlo, mientras por otro, todo nuestro instinto nos invita a romper la promesa. Lo que habría que analizar es que esconder un secreto que causa daño a un tercero nunca es positivo para nadie. ¿Podríamos dormir en paz sabiendo esto?

¿Sé y puedo guardar un secreto? Ojo, porque la fuerza gravitacional de un secreto es fuerte y opuesta. La información clasificada que posees suele salir por sí sola a la menor provocación (muchos lo hemos comprobado, para arrepentirnos después). Sin embargo, con frecuencia sucede que al guardar un secreto ¡no podemos pensar en otra cosa!

Al mismo tiempo, ignorar las oportunidades para revelarlo, más que hacerte sentir orgulloso, te hace sentir mentiroso. Además, al cumplir con la promesa nos separamos de los demás: evitas tocar ciertos temas, incluso encontrarte con determinadas personas, por lo que afecta la vida personal. En estas circunstancias, revelar el secreto puede resultar benéfico. No quiero decir que te conviertas en un periódico ambulante o que lo divulgues por puro placer malvado. No, sino que busques a una persona adecuada que no tenga ni conflicto ni interés alguno en el tema, como un terapeuta, un sacerdote o una persona madura, que te escuche para sacarlo de tu sistema y evitar así que sumerja tu vida en un "agujero negro".

Recuerda que los secretos pequeños, como las estrellas pequeñas, se enfrían con el tiempo. Si piensas que saberlo es inofensivo para ti, réstale importancia y se irá a los archivos perdidos de tu mente. Sin embargo, si es oscuro y feo, siempre es mejor hablarlo. El alivio es ¡enorme! A pesar del enojo que le cause a quien te lo confió, es preferible a que tu vida se vuelva negra por guardar su gravedad negativa.

Para evitar meternos en estas decisiones difíciles, en el momento que alguien te diga: "Psst, ¿te cuento un secreto y no se le dices a nadie?", piensa bien si en realidad quieres saberlo, si afectará tu salud y, sobre todo, si podrás guardarlo; o bien, si prefieres mantener tu universo limpio, abierto y brillante.

Ahorita no, mejor otro día

Ese día aprendimos que las oportunidades se van para no volver.

Durante la cena nos divertimos contando historias de miedo que sucedieron en una hacienda del Estado de México en la que nos hospedábamos y que tiene varios siglos de antigüedad. Al despedirnos aquella noche de los amigos, me dirigí a la cocina y con un "buenas noches y gracias" a la cocinera, me fui a dormir tranquilamente.

Al día siguiente, domingo por la mañana, me pareció encontrarme dentro de una película de terror. Con la placidez que da estar en el campo y anticipando el sabroso desayuno que nos esperaba, me dirigí a la cocina. Al llegar a la puerta no pude creer la escena que encontré. "Debo estar soñando", pensé. Tuve que tallarme los ojos varias veces para creer lo que veía. Una cocina fantasma totalmente vacía y negra de hollín de piso a techo. No quedaba nada, absolutamente nada de lo que había la noche anterior. Como si el juego de narrar historias de terror continuara y hubiera ascendido al siguiente nivel.

Todo estaba negro, vacío y en silencio. Sólo un extraño y fuerte olor. No había el movimiento usual de una cocina por la mañana, como la cocinera elaborando guisos, el olor a café recién hecho, las naranjas recién exprimidas, las cazuelas de barro colgadas a la antigua usanza, la canasta con pan dulce del pueblo, la mesa llena de los ingredientes necesarios para los manjares, así como las ollas encendidas y humeantes. Quise preguntar qué había sucedido, pero no había nadie a mi alrededor a quien interrogar. La piel se me erizó.

Después de un buen rato de buscar a un ser humano, encontré a mis amigos, más tempraneros que yo, desayunando en un patio aledaño, en mesas improvisadas que el cuidador se encargó de organizar. Resultó que en la madrugada, mientras dormíamos, el contacto del refrigerador tuvo un corto circuito que lo derritió por completo y perjudicó todo lo que se encontraba a su alrededor. Toda la cocina se quemó. Por fortuna el cuidador se dio cuenta y pidió ayuda a tiempo. Mientras, los huéspedes soñábamos con aventuras.

A todos los presentes este evento nos hizo reflexionar sobre un insignificante detalle sucedido el día anterior. Durante la comida alguien preguntó si sacábamos los tres pasteles de postre que entre todos habíamos llevado. "No, mejor sólo saca uno y los otros dos para mañana", respondimos, pensando como de costumbre que todo permanece para siempre. Nunca los probamos. Parece tonto, ¿no? Créeme que cuando lo vives, no te lo parece tanto. Te das cuenta de la inmediatez de la vida. De lo efímero que es todo. De que las oportunidades pasan en charola sólo una vez frente a ti; y que quizá la mayor parte del tiempo vemos pero no atendemos, oímos pero no escuchamos. Y con frecuencia, no apreciamos.

Aprendimos que de no aprovechar la oportunidad que se nos presenta hoy, mañana quizá ya no esté.

Oportunidad de cualquier cosa: de convivir con tus amigos, de jugar con tus hijos, de comunicarte de corazón con tu pareja, de abrazar a tu viejo, de perdonar a tu hermano, de aprovechar la oferta de trabajo disfrazada de mucha presión. "Ahorita no, mejor otro día", nos justificamos.

Después del incidente de esa mañana, encontré un ovalín de cerámica incrustado en la pared del patio de la vieja hacienda que por la patina se adivinaba muy antiguo, y que decía algo que me impresionó: "La Gavia guarda recuerdos de épocas muertas que ya nadie conserva en la memoria." Al leerlo, pensé: "Entre ellos quedarán nuestra visita y los pasteles que nunca comimos..."

Tercera parte

Conéctate con el Universo

1

Conéctate con la ambivalencia de la vida

Una llave de cinco minutos

Algo renace en mí cuando veo la rapidez y la nobleza con la que el campo responde a las primeras lluvias y cómo la tierra y las plantas se cubren de verdor.

Vivimos una época difícil. Es tanta la impotencia que sentimos ante los sucesos en nuestro entorno que, aunque no la verbalicemos, tenemos una sensación colectiva de ansiedad y desasosiego. La frustración en verdad nos daña. Por fuera parecemos las mismas personas, sin embargo, por dentro, algo ha cambiado. Vemos las cosas de otra manera y vivimos de forma diferente. De ahí que, al no enfrentar nuestros temores internos, prefiramos alternar nuestra atención con lo superficial, cambiamos de las noticias que tanto nos duelen, a los espectáculos o las banalidades que nos distraen.

No obstante, como si el mundo se dividiera en dos, por un lado está la oscuridad y por el otro la luz. Pues, al mismo tiempo, a pesar de ese malestar, las parejas se enamoran, los hermanos se perdonan, la gente sonríe en la calle, los bebés nacen, los amigos se reúnen, los artistas crean y el sol sigue saliendo día con día. Sucede como con el verdor renovado del campo.

Asimismo, en un plano más personal, a diario vivimos el reto de hacer lo mejor de nuestras vidas. Por eso, antes de salir de casa, tenemos dos opciones: engancharnos a la energía negativa que flota en el aire o elevarnos por encima de ella. Esto no quiere decir que nos deslindemos de los acontecimientos, sino que los veamos desde otro lugar. Un lugar lleno de paz que, aunque lo olvidemos, siempre está a nuestro alcance. Me refiero al centro de nosotros mismos.

Si lo piensas, la parte más sólida de una esfera es el centro. La parte más estable de cualquier objeto estático es el centro de gravedad. ¡Vaya!, hasta en los huracanes el centro es el único lugar de quietud y tranquilidad. Lo mismo sucede con nuestro cuerpo: tenemos un centro en donde podemos reflexionar y equilibrar nuestras emociones y energías.

Cuando estás en la periferia de ti, reaccionas; cuando estás en el centro de ti, respondes.

Hay corrientes de pensamiento que afirman que el centro del cuerpo está en el hipotálamo, ubicado en la base del cerebro; de acuerdo con la filosofía aristotélica, se localiza en el corazón y, según las tradiciones orientales, se localiza en el *tantiem*, que se encuentra tres dedos debajo del ombligo.

Intuitivamente has estado en tu centro. En esas ocasiones en las que te has sentido en calma, completo, inspirado, agradecido o simplemente en paz con el mundo. Este estado no sólo es metafórico, es físico, con él tu cerebro entra en estado alfa, es decir, en un punto neutro, relajado pero alerta. Ahí, en ese lugar, nada de lo externo te toca ni te altera.

Cinco minutos

En lo personal, estar cinco minutos en mi centro es la llave para encontrar dentro lo que no encuentro fuera. Resulta suficiente para captar que mi intención en el día debe ser llevar esa paz conmigo y reflejarla en lo que hago.

Los retos de la vida son como los cambios en el clima: inevitables. ¿De qué sirve resistirnos a ellos? Cuando llueve, simplemente te resguardas. Cuando te resguardas en ese lugar dentro de ti, te conectas contigo mismo, con tu Ser; así, tu campo interno también se cubre de brotes de verdor, se convierte en el alimento que tu espíritu necesita para enfrentar lo que sea.

Si anclamos nuestro bienestar a las cosas del mundo material, es muy probable que permanezcamos en la frecuencia de la ansiedad y la frustración. El mundo es ambivalente, siempre lo ha sido y lo seguirá siendo. Sin embargo, es importante recordar que tenemos la llave de los cinco minutos que nos da, como nada en el mundo, una gran paz.

**Quédate quieto:
escucha lo que el Universo
tiene que decirte hoy.**

2

Conéctate a través de los sentidos

¡Vivir para el placer!

Es triste que la mayoría de las veces no nos damos cuenta de la belleza de la vida: vemos sin ver, oímos sin oír, y estamos sin estar. Pasamos por ella con indiferencia, sin percatarnos del hambre de belleza y de placer que sentimos.

¿Y el departamento de quejas?

Una mañana Francisco López se dirigía al banco donde guardaba su dinero. Ese día, la institución celebraba 100 años de existencia, y para festejarlo, decidieron que colmarían de regalos al primer cliente que entrara por la puerta. Francisco fue ese primer cliente. Así que, para su sorpresa, lo sientan, le regalan un coche, una pantalla digital, un millón de pesos en efectivo, entre otras cosas más que le apilan a su alrededor. La prensa le toma fotografías, lo entrevista y cuando todo termina, Francisco habla con el director del banco:

—¿Ya terminaron? porque necesito hacer algo urgentemente.

—Sí, claro señor López, ¿a dónde se dirigía usted?

—Al departamento de quejas.

Aun con todo lo anterior, no se sintió satisfecho; pues Francisco iba a quejarse del mal servicio del banco y nada pudo disuadirlo. Nada logró que olvidara su queja. Así somos. "Vivimos una humanidad quejosa", decía Epicuro, un filósofo conocido por ser partidario del hedonismo, en el siglo III a. C. Qué razón tenía. Nuestro ego siempre busca el departamento de quejas. No importa lo que nos suceda, las mil bendiciones que gocemos.

Detén el círculo vicioso,
porque entre más te quejas,
más encuentras por qué quejarte.

Cuántas veces al día necesitarías decirte: "¡Pellízcate! y date cuenta de que, cuando despertamos, hasta respirar se vuelve una bendición. Todo parece acomodarse y caer en su lugar. Todo está bien. Y en cualquier lado en el que te encuentres, te sientes en casa."

El arte de vivir bien supone dos cosas: disfrutar lo agradable y saber digerir lo desagradable. La palabra sabiduría viene de *sabere*, de saborear, de aprender a disfrutar. Es decir, el saber es recobrar la vida a través de los sentidos. Obsérvate y date cuenta de la frecuencia con que olvidas gozar el momento, aunque todos lo hacemos, hay quienes lo convierten en una forma de vida. Se olvidan de gozar, de disfrutar el hecho de vivir, y eso lo podemos ver en su rostro, en su carácter, en su trabajo; son personas a quienes les cuesta trabajo reír, viven de mal humor, con cara de indigestión permanente.

Como hemos visto varias veces, el ego es como un pozo sin fondo, es insaciable; siempre quiere más y mejor, más y mejor, más y mejor. Ese es su mantra. Hacerte consciente de esto es un primer paso. Qué admirable es ver a una persona cuyo rostro

refleja paz interna, serenidad y armonía consigo misma; bien vista, esa persona es alguien que tiene al ego tomado como las riendas de un corcel y por lo tanto lo controla.

¿No será que la razón por la que tenemos hambre de placer se debe a la falta de gratitud que tenemos hacia la vida? ¿A vivir desconectados? ¿Desconectados a lo que tu cuerpo te dice, a lo que tu corazón grita, a una espiritualidad capaz de darte un sostén interno a algo más grande y superior?

Piénsalo, valorar el momento quizá es lo que haga falta en tu vida. Ama la vida, date cuenta de tus privilegios. Vive con la conciencia de que cuando amas y la vida te ama estás más allá del bien y del mal. Si la vida te regala el don de ver, ve. Si te da el de escuchar, escucha. Si la misma vida te da esos preciados regalos, ¡no los desperdicies! Disfrútalos con conciencia.

"Si tiene remedio, de qué te quejas, y si no tiene remedio, de qué te quejas."
Rabindranath Tagore

Me gusta mucho cómo mi maestro de Tai-Chi termina cada clase. Me hace consciente de algo que doy por hecho. Nos invita a ir tocando cada parte de nuestro cuerpo, mientras decimos: "Gracias, ojos; gracias, oídos; gracias, pulmones; gracias, corazón; gracias, brazos; gracias, manos; gracias, cadera; gracias, piernas; gracias, pies." Al momento de hacer este ejercicio, te das cuenta del valor de cada parte de tu cuerpo y la enorme falta que nos haría si sólo algo nos fallara. Te invito a hacer lo mismo.

Mientras tu capacidad de asombro y gozo siga latente, seguirás vivo. Cuando aprecias con conciencia los dones y los pequeños placeres, la vida se vuelve gozosa.

3

Conéctate a través del sonido del silencio

Shhhh, silencio...

¿Cuándo fue la última vez que te sentaste en silencio, escuchaste el sonido de tu respiración y sentiste la quietud de tu alma? Si eres como la mayoría, seguro hace mucho tiempo que no lo haces. Nos hemos vuelto tan adictos al ruido, a "hacer", a "lograr", que nos olvidamos de sólo "ser" y "estar". Ya no sabemos lo que se siente estar en silencio. Considero que, en ocasiones, hasta le tememos y nos escondemos de él. Sin embargo, el silencio tiene múltiples beneficios.

> **"Diario necesitas media hora para meditar, excepto cuando estás muy ocupado, entonces necesitas una hora completa."**
> **San Francisco de Sales**

Quizá también a ti como a mí te suceda, querido lector, que sabes que tienes que bajar tu ritmo de vida, sin embargo, con frecuencia, te parece imposible. Lo cierto es que esto es como querer escuchar música sin el silencio entre las notas.

¿Alguna vez has escuchado el absoluto silencio de la noche? ¿El sonido de los pájaros cuando cae la tarde? Para darte cuenta es necesario acallar la mente por un momento, soltar la bolsa de problemas del pasado y los del futuro. Se requiere estar totalmente presentes para ser conscientes de algo que no se puede nombrar, sólo se puede sentir. Comprobar lo que dice Paul Simon en su famosa canción, cuyo título encabeza este apartado: el silencio tiene un sonido. El sonido de nuestra fusión con el Universo.

Cuando le doy tiempo al silencio me percato de lo mucho que lo necesitamos y de lo poco que lo procuramos. El silencio es una de las maravillas que encontramos si vamos al campo. Los citadinos no nos damos cuenta del daño a la salud que nos causan los ruidos a los que estamos expuestos día y noche en la casa, en el trabajo, en la calle, en el recreo o dondequiera que estemos. Con frecuencia ni advertimos esa contaminación auditiva, nos hemos adaptado a ella; sin embargo, el oído siempre la capta, el cuerpo siempre reacciona y se tensa. Y después nos preguntamos: "¿Por qué estoy tan irritable?"

> "Todas las miserias humanas derivan
> de no ser capaces de sentarnos solos
> y en silencio en un cuarto."
>
> Blaise Pascal

El silencio nos da energía

En realidad, el silencio es una gran fuente de energía. Imagina que estás en un globo rojo, de hule grueso que vive dentro de un gran océano de silencio y energía. Siempre estás conectado con él. Sin embargo, las paredes del globo representan el ruido y las actividades ruidosas que te separan de ese silencio sagrado. Cuando encuentras el silencio, las paredes del globo se disuelven y, de inmediato, recibes toda la energía y la fortaleza del océano. Ese es el poder del silencio.

Los tipos de silencio

El silencio ambiental. Busca en algún momento del día un lugar en donde puedas aislarte por unos minutos del ruido ambiental: coches, sirenas, televisión, teléfono, radio, iPods y demás. Cierra lentamente los párpados y concéntrate sólo en tu respiración. De no estar en un campo o una playa, imagina su silencio natural y hazlo realidad.

El silencio corporal y mental. Procura relajar tus músculos y aquietar tu sistema nervioso. Recorre mentalmente tu cuerpo, inicia en los dedos de los pies y siente cómo, al localizar cada uno de ellos, de inmediato se relajan. Percibe lo sutil de la energía de la vida que corre por tu sangre. Poco a poco sube la atención por cada uno de los músculos, hasta llegar a los faciales y al cuero cabelludo. Comprobarás que la respiración es lo que une cuerpo, mente y espíritu.

El silencio de las emociones. Finalmente, silencia el corazón. Libera todo aquello que te provoque tensión, estrés o ansiedad (alguna relación afectiva o cualquier distractor). Sólo piensa en la paz, en la serenidad, el bienestar interior y la armonía que experimentas.

Algunos de los beneficios del silencio

- El silencio despierta tu creatividad. Te da la oportunidad de ver las cosas desde otro ángulo.

- El silencio te permite regresar a tu centro, escuchar tu voz interior y confiar en ti. Te abre la puerta interior a las respuestas que piensas que están afuera.
- El silencio te descansa profundamente. Con él, el ritmo del cuerpo, de la mente, de la respiración y del corazón disminuyen: vives el presente. En el silencio contactas a tu esencia y te renuevas.
- El silencio te equilibra. Recuperas el ritmo natural de "hacer", "parar". Con el hacer, parar, hacer, parar, el estrés desaparece.
- El silencio te ancla, te da seguridad. El mundo puede caerse, pero siempre tendrás ese refugio interior de paz que te centra.

El silencio te conecta contigo mismo y con el Universo.

Regálate un ratito de silencio cada día. Verás cómo ese pequeño acto te dará más energía, fortalecerá tu interior y te proporcionará una mayor compresión de lo que es vivir mejor.

4

Conéctate a través de la naturaleza

Una saludable sacudida

Al día siguiente de la boda de Paola, nuestra primera hija, sentí el cuerpo atravesado a la altura del pecho por un agujero, al mismo tiempo que una gran felicidad. Casar a una hija enamorada de un hombre maravilloso es el deseo de todo padre. Sin embargo, quienes hemos pasado por la experiencia, sabemos que conlleva un adiós al seno familiar.

La noche del festejo tuve la oportunidad de dormir en la antigua hacienda en la cual se había llevado a cabo la boda. A pesar de la desvelada y las emociones, al día siguiente me desperté muy temprano, por lo que decidí salir a caminar. En el silencio del lugar recorrí cada uno de los rincones en los cuales habíamos celebrado con la familia y los amigos el esperado enlace. Mientras caminaba abrazaba mi cuerpo para tratar de cobijar ese "hueco" que sentía y me dediqué a observar todo, escrutando mis propias emociones.

Los objetos que el día anterior engalanaban los espacios para recibir a los invitados, habían cumplido su misión y decaían. Sólo unas cuantas cosas seguían vivas, hermosas y alegres: las flores. Las había en la capilla, en los capiteles de las viejas columnas, en la entrada, en el patio como una verdadera expresión de arte. Las emociones y el silencio me hicieron sentir totalmente presente; y pude percibir y apreciar el gran trabajo, profesionalismo, pasión y dedicación que mi amiga Martha Sofía, que arregló las flores, había puesto en el acomodo de cada una de ellas. ¡Cómo se lo agradecí!

Era como si la energía, la esencia y el cariño que las flores y arreglos emanaban, me hicieran recibir un mensaje de tipo espiritual con el que Dios me acariciaba el alma.

"Si pudieras ver el milagro de una sola flor con claridad, toda tu vida cambiaría", dijo Buda. Hasta esa mañana nunca me había percatado de su lenguaje misterioso. Aunque a veces no observamos las flores detenidamente —por las prisas, el estrés, la falta de tiempo—, puedo asegurar que aún de forma inconsciente todos percibimos los efectos de su presencia.

Sin importar en qué lugar o circunstancia te encuentres, las flores te hacen sentir bien, acogido, bienvenido; elevan tu energía, te recuerdan que la vida vale la pena y te invitan a conectarte con tu interior, al mismo tiempo que con la divinidad. ¿Quién más podría haber hecho algo tan bello y perfecto? Además, un orgullo que tenemos como país es la gran variedad y colorido de ellas.

Por ello, asumo que para nosotros la existencia de las flores en el mundo es algo tan vital como el alimento: su propósito es contribuir a la estética, a la armonía, a la elevación del ser, a la inspiración, al placer y el hallazgo de lo infinito en lo finito. La belleza, como decía Platón, consiste en dar al hombre una saludable "sacudida" que le haga salir de sí mismo, le arranque de la resignación, de la comodidad de lo cotidiano.

> **"Disfruta las flores hoy,**
> **mañana estarán marchitas."**
> **Alfonso Ricart**

Las flores dentro de tu espacio

Siempre ten al menos una flor cerca. El gozo que provoca verlas en el campo o en un jardín, llévalo al interior de tu casa, de tu oficina. De mi querida suegra Leonor, aprendí la costumbre de comprar flores de la temporada cada semana para colocarlas en los lugares donde más suelo estar. Cómo se lo agradezco. En verdad, levantarte en la mañana y ver cerca un ramo de flores equivale a iniciar bien el día. Ver una flor junto a la pantalla de mi computadora me recuerda que en la vida no todo es trabajo.

Las flores hablan múltiples lenguajes. Con ellas podemos decir: "Perdón", "te quiero", "te acompaño", "te felicito", "te deseo", "te celebro"... Un estudio realizado durante diez meses por el laboratorio Rutgers de la State University of New Jersey demostró que la naturaleza nos proporciona una manera muy sencilla de mejorar el ánimo y la salud a través de las flores. A continuación los resultados.

Los beneficios de las flores

- La presencia de flores, en cualquier lugar, dispara emociones positivas, eleva los estados de satisfacción e impacta en la conducta social de una persona de una manera positiva, más allá de lo que se cree normalmente. "Lo más emocionante del estudio, es que desafía de manera natural las creencias científicas acerca de cómo la gente maneja diariamente sus estados de ánimo y salud", dice la doctora Jeanette Haviland, profesora de psicología en Rutgers y líder de la investigación.

- Las flores tienen un impacto inmediato en la felicidad y en la sensación de energía de las personas. Todos los que recibieron flores sonrieron inmediatamente y dijeron sentir un extraordinario deleite y gratitud. Esta reacción fue universal y en todos los grupos de edades.

- Las flores producen un efecto a largo plazo en el estado de ánimo de la gente. Los estudiantes que participaron reportaron sentirse menos deprimidos, ni ansiosos y agitados después de recibir flores, y demostraron un nivel más alto de satisfacción y disfrute de la vida.

- Las flores propician conexiones más íntimas entre familiares y amigos. Un lugar decorado con flores naturales crea una sensación cálida y positiva en las personas, quienes se sienten bienvenidas y dentro de una atmósfera que invita a compartir. El lugar transmite limpieza y cuidado.

- Las personas enfermas se recuperan más rápido en presencia de flores.

- Bien vistas, las flores son mensajeras de otra dimensión que nos ayudan a elevar la conciencia, como dice Eckart Tolle en su libro *Una nueva Tierra*; son un puente entre las formas físicas y lo que no tiene forma. Contienen en sí toda la belleza del cosmos.

5

Conéctate a través de la música

"El gran concierto"

Si alguna vez has amado de verdad, entonces sabes lo que es sentir, aunque sea por un instante, cómo tu alma se asoma a la eternidad, sonríe a sus anchas, se ilumina, se eleva y se funde con algo más grande. Es el misterio de sentir un gozo pleno que toma todos tus sentidos y, al mismo tiempo, te conecta con tu propia esencia.

Eso mismo sentí al escuchar el concierto para violín de Tchaikovski en la maravillosa película *El gran concierto*. Intentar describir lo que la música logra es tratar de expresar lo indescriptible. Es el amor hecho música que te toca en lo profundo y te hace llorar.

La música es el pretexto, pero el tema sobre el que gira toda la película es el amor. Amor por la vida, amor por la música que se vuelve pasión y despierta a todos de una larga apatía, amor por las creencias, por los amigos, por la pareja.

La música de Tchaikovski logra recuperar la fe en el ser humano y la belleza que es capaz de crear. Cuánta falta nos hace escuchar más ese tipo de música; es como subirte a una pequeña isla de amor para descansar un poco del mar del desencanto.

Hay veces que la expresión más amorosa
y elocuente es el silencio, pero le sigue la música.
La música abre puertas interiores, se apodera
de tu alma, tiene el prodigio de llevarte de la mano
hacia la luz, hacia el amor infinito.

Decía Borges que a la música nadie la puede traducir. Sin embargo, con ella te das cuenta de que el amor está dentro de ti y no afuera, como solemos pensar. Es más grande que cualquier cosa; más grande que tú, que tu ego, que tu mente, que tus miedos o tus culpas. Cuando sientes ese amor, te unes, te conectas, te sientes uno con el todo.

Mi padre, Joaquín Vargas, gran amante de la música, siempre decía: "No hay persona que disfrute plenamente de la música y que sea mala. Simplemente no se puede."

La música como el amor, tocan tu vida, la transforman. ¿Te acuerdas cuando te enamoraste por primera vez? ¿Por qué no traer a la memoria esos momentos de amor pleno y observar? Observa lo que irradias. Cómo caminas, cómo hablas, cómo te ves a ti mismo. ¿Puedes recordar el brillo en tus ojos y en los de los demás? El amor saca lo mejor de ti; eres generoso, creativo, abierto, y te hace sentir lleno de energía. Cuando amas, sientes que todo está bien.

El amor es el material de lo que está hecha la felicidad. Por eso, cuando amamos nos sentimos felices. Y no necesariamente se limita a aquel que se reserva a la pareja. Es el amor a ti mismo, a la vida, a tu trabajo, a tus amigos, a la naturaleza, en fin.

Piénsalo. Cuando optas por cualquier emoción negativa, compras un boleto a la infelicidad. Trata, si puedes, por ejemplo, de odiar a una persona y ser feliz. De guardarle resentimiento a alguien y sentirte contento. Intenta enojarte con una persona y sentirte en paz. Juzga a alguien y ve si te sientes libre. Trata de engañar a alguien y sentirte seguro. Simplemente no se puede, porque lo que le haces al otro te lo haces a ti mismo.

Cuando eres una persona a-ma-ble —en el sentido más literal—, te sientes más contento, más feliz. Eres amor, das amor. Cuando no es así, observa cómo el mundo se empaña. Bien dicen los psicólogos que, aquello que te quejas de no recibir es precisamente lo que no estás dando.

Barbara Fredrickson, de la University of North Carolina, pionera en estudiar los beneficios de las emociones positivas, describe que ellas tienen el poder de "cambiar tu vida y tu comunidad, pero también el mundo, y con el tiempo crear el cielo en la tierra". Te invito a que cuando escuches esa música que te acaricia, que te llega al alma, estés completamente presente para darte cuenta que si bien el amor y la música no se pueden traducir, sí se pueden vivir y gozar. Y a través de ellos, vivirte y gozarte.

6

CONÉCTATE A TRAVÉS DEL BAILE

VULNERABLE DE CABEZA A PIES

¿Te ha pasado que al escuchar una samba, una cumbia, un vals, o a los Black Eyed Peas, sientes por momentos que los tambores, los violines, la batería, o el bit se apoderan de ti por completo? ¿Además, pareciera como si los pies, la cadera, la cabeza, se independizaran para obedecer a sus nuevos amos? Y cuando esto sucede, ¿no te queda más que rendirte y entrar en una especie de trance gozoso, que te hace sentir libre, olvidarte de ti mismo, del qué dirán o de las miradas de otros?

Entonces, estarás de acuerdo en que bailar es una experiencia casi mística. Deslizarte al bailar enlazado con la pareja que amas es una manera de sentir que fluyes con la vida.

A pesar de lo anterior, se necesita valor para bailar y con mayor razón si bailas separado. Porque bailar es una de las expresiones físicas que más consciente de ti mismo te hacen sentir. De hecho la vulnerabilidad es de cuerpo completo. Quizá desnudarte en frente de otras personas es lo único que puede hacerte sentir más vulnerable que bailar.

Es más, para muchas personas es muy difícil arriesgarse a ese tamaño de vulnerabilidad, por lo que prefieren bailar en algún lugar de la intimidad de su casa y sólo frente a amigos o familia, o de plano no bailar. "A mi esposo no lo haces bailar ni a patadas", me comentó una amiga en una boda.

Es cierto que hay personas más musicales que otras, o bien, que tienen mejor coordinación; sin embargo, si observamos, no hay niño que se resista a moverse al escuchar una canción en el kínder, incluso bailan desnudos frente al espejo del baño o mientras les intentas poner la piyama. Está en nuestra naturaleza. Si bien no todos lo hacen con ritmo o gracia, sí con gran gozo y diversión. Hasta que el niño se topa con alguien en su vida que lo hace consciente de cómo se ve o qué dirán de él, entonces llega a pasar que cancela de por vida la grata sensación de bailar.

Pena, ideas preconcebidas que alguien le metió de chico, como "tú no tienes ritmo", o qué sé yo; lo cierto es que quien no baila se pierde de sentir uno de los más grandes placeres de la vida.

Bailar, cantar o reír, no sólo nos benefician sino que son dosis de felicidad. Son formas de celebrar. Y si bien de sólo pensar en una vida sin cantar, bailar o reír sería una pesadilla; también es fácil dar por un hecho esas experiencias, sin apreciarlas del todo o sin procurarlas.

> **"Baila como si nadie te viera.
> Canta como si nadie te escuchara.
> Ama como si nunca
> te hubieran herido y vive
> como si el cielo fuera la tierra."**
> **Mark Twain**

¿Por qué es importante bailar?

Desde tiempos remotos, como seres humanos hemos utilizado la danza para expresar los aspectos más profundos de la vida;

desde la relación con los astros, con la tierra, con el reino animal y vegetal y con lo más importante, con el reino de lo Divino.

Al bailar exorcizamos cualquier emoción negativa anidada como la tristeza, el desamor, la soledad, la frustración o el duelo; y al mismo tiempo pareciera que, como se hace con las danzas tribales, invocáramos al amor, al gozo, a la alegría y al éxtasis. Además, bailar te mantiene joven, te conecta, te relaja, provoca que se eleven las endorfinas y te pone de buen humor.

Si al bailar te sientes vulnerable, recuerda que no estás solo. Baila cada vez que puedas, permite que tu cuerpo se mueva con toda libertad y a sus anchas aunque sea sólo en la sala de tu casa.

El arte de vivir no sólo supone digerir lo desagradable, sino disfrutar lo agradable.

Así que si un día te sientes particularmente desanimado, pon música y baila por toda tu casa. Le darás un buen motivo a tus hijos —si tienes— de divertirse también.

7

Conéctate a través de la alegría

La risa es el origen del mundo

De entre todas las teorías que hemos escuchado acerca del origen del mundo y que provocan innumerables desacuerdos entre la ciencia y la religión, imagino que —como yo— nunca habías escuchado la versión (que da título a este texto y me parece preciosa, porque es cierta)de que la vida nace *con* y *desde* la risa.

> Los siete dioses que gobiernan el mundo nacieron de la risa de Dios. Esa idea de la fuerza creadora de la risa se planteaba en la antigüedad —comentó Salomón Reinach, arqueólogo y estudioso de la historia del arte—; cuando la primera risa de Dios estalló, apareció la Luz; al reír por segunda vez, brotó el Agua y al hacerlo por tercera ocasión, apareció la Mente; con la cuarta surgió Genna, quien sembró todo lo existente. Cuando rió por quinta vez, apareció el Destino; con la sexta risa apareció la Oportunidad; y al escucharse la séptima carcajada apareció el Alma.

Bien vista, la risa une, eleva y conecta. La sonrisa franca es el signo visible de que nuestra alma está abierta de par en par.

Intentar crecer sin la risa, tanto en la vida espiritual como en la terrenal, es algo inconcebible para la mayoría de las culturas y tradiciones religiosas.

La risa es una herramienta multiusos fundamental para crecer, desarrollarte, vincularte y unirte.

"Nunca entenderé lo bueno
que una sonrisa puede lograr."
Madre Teresa

Sin embargo, al ver personas que, influenciadas todavía por las creencias de la Edad Media, piensan que la risa y la alegría no son aspectos divinos y que la espiritualidad debe ser seria, adusta, sufrida, moralista y severa, me pregunto: en esta visión, ¿dónde queda ese Dios que es todo amor, dicha, alegría y generosidad? Ese Dios queda eclipsado por uno artificial y crítico, que juzga, condena y castiga.

Nunca falta alguien —todos conocemos a alguna persona así— que al escuchar un buen chiste, intenta demostrar "superioridad moral" y en vez de reír levanta la ceja, pone cara de velorio perpetuo y vive en la amargura crónica.

Nunca olvidaré cuando organicé una despedida de soltera para una ahijada e invité a la familia del novio que —me habían advertido— era muuuy católica. Todas las asistentes nos retorcíamos de risa con los chistes que contaba una señora muy simpática, menos, por supuesto, la mamá y la hermana del novio. ¡Qué tristeza!, "pobres de ellas —pensé en mi interior—, con lo que el mundo sufre y vivir sin permitirte reír de simplezas".

Si bien nuestro entorno coopera eficazmente para que la felicidad se convierta, con pasos agigantados, en un auténtico arte perdido. Al mismo tiempo, hay gente que no sabe disfrutar, soltar, dejarse llevar por las cosas sencillas y agradables, por la simpleza.

> "La risa es amor. Ríes cuando celebras, cuando
> te conectas íntimamente con el otro.
> La risa es libertad. Mediante la risa puedes
> liberar todas tus emociones.
> La risa es natural. Cuando lo haces,
> creas, te sientes libre.
> La risa es aceptar. Aceptar que la vida es tal
> como es, no como *debería ser*.
> La risa es perdón. Aligera cualquier carga
> negativa quizá arrastrada por años.
> La risa te ayuda a tolerar a los demás,
> y en especial, a ti mismo.
> La risa conecta. Es la forma más rápida, fácil y
> divertida de unirte con el otro.
> La risa es vida. Te hace sentir vivo."
>
> Robert Holden

Reír es nuestra naturaleza

Gracias a los ultrasonidos en tercera dimensión, hoy podemos ver que los bebés sonríen en el útero materno; al nacer sonríen cuando escuchan estímulos como la voz de su mamá, incluso cuando están dormidos. Reír es lo primero que nos hace sentir libres.

La risa tiene el poder de transformarnos de hacedores de humanos, en seres humanos. Una criatura necesita de la risa, para su sano crecimiento mental y emocional. Los niños suelen sonreír un promedio de cuatrocientas veces al día, mientras que los adultos lo hacemos alrededor de veinte veces; incluso, catorce por ciento de la población sonríe menos de cinco veces al día, de acuerdo a los estudios de Ron Gutman.

Alguien dijo una vez algo muy cierto: "No dejamos de jugar porque envejecemos, sino que envejecemos porque dejamos de jugar."

"El sólo hecho de imitar una sonrisa ajena nos hace sentir bien; reduce el cortisol, la adrenalina así como la presión alta. Basta el gesto de una sonrisa para estimular dopamina en el cerebro", dijo Gutman en su conferencia en TED; también afirmó: "Una sola sonrisa genera en el cerebro los mismos estímulos que consumir dos mil barras de chocolate, o recibir trescientos mil pesos en efectivo."

> La sonrisa se construye con paciencia,
> con equilibrio y paz interior,
> así como con un sincero amor por los demás.

En los años cincuenta, la gurú yogui de India, Anandamayi Ma, hizo una bella reflexión sobre la conexión que hay entre la espiritualidad y la risa:

> Ríe tanto como puedas —relajará todas las contracciones de tu cuerpo.
>
> Deja que tu risa salga desde lo más profundo de tu corazón, deja que te sacuda de los pies a la cabeza. Si tu alma está dormida, sólo reirás con los labios. Quiero verte reír con la boca, con el corazón, con todo tu aliento vital.
>
> Para ello, intenta establecer una conexión armoniosa entre tu yo interior y tu yo exterior, y con toda la energía de que dispongas, conságrate únicamente a Dios.

Después, tu risa irradiará alegría por doquier.

Ella hizo suyas las enseñanzas del *Bhagavad Gita* (una de las obras sagrada del hinduismo) y las predicó con su ejemplo.

- Tu esencia es la alegría.
- Tu misión es la alegría.

La queja y la acidez son propias de la vejez, mientras que la dulzura y la sonrisa, de la madurez. La verdadera salud reside en poder —y saber— gozar la vida. Ay, al fin y al cabo la vida es así, continuará enviándonos un sinfín de problemas, pero también bendiciones. Sin duda, es una mezcla de sentimientos encontrados, de altas y bajas, de momentos felices y momentos tristes, de sonrisas y ceños fruncidos. Una experiencia por lo general nunca es "totalmente buena" o "totalmente mala"; inevitablemente es una mezcla de ambas. Mas la risa aligera la carga. Si quieres vivir más tiempo, más sano y más feliz, ¡sonríe!

> "Ningún hombre pequeño sabe reír
> ni disfrutar de un amanecer."
> Friedrich Nietzsche

Hoy tendríamos que honrar a todas las personas que tienen el don de hacernos reír: actores, cómicos, caricaturistas, escritores, comediantes y amigos con buen humor; gracias, gracias, gracias ¡qué y cómo sería el mundo sin ustedes!

Mientras tanto querido lector te invito a salir de ti mismo para conectarte, aunque sea por segundos, con la alegría de ese Dios que creo al mundo al lanzar la carcajada.

8

Conéctate a través del descanso

Un mar de contrastes

La sonrisa y cara de felicidad de Mateo, de once meses de edad, mientras retozamos con él en la alberca, es el paraíso. Unos días de vacaciones de sol y agua en familia logran el prodigio. Quisiera congelar el instante; que mi memoria grabara esa combinación de inocencia y gozo que el bebé emana de una manera casi sagrada. Frente a esto, no hay más. No deseo más, no busco más.

Mientras la magia dura, siento y vivo lo que decimos "ser feliz". Sin embargo, al mismo tiempo, la nostalgia se asoma. Pronto él y sus padres regresarán a Los Ángeles, donde viven. Muy pronto dejará de ser bebé; la próxima vez que lo vea, quizá ya camine. El instante llega y antes de inspirarlo hasta el fondo, se va.

Esa misma tarde de días de descanso, me entero por teléfono del fallecimiento de la hija de una amiga mía, una jovencita de 23 años, que se encontraba de intercambio en otro país. Una verdadera tragedia. ¡Qué contrastes! Qué cierto es que la adversidad nos presenta con nosotros mismos. Con esa clase de noticias el mundo se contrae y nos duele, aunque no hayamos conocido a la persona o a algún familiar cercano. Con ellas nos damos cuenta de lo irrefutable que es la muerte. Y del regalo que es cada día de vida, cada instante. La noticia de una desgracia siempre es rápida, pero su eco resuena indefinidamente en cada célula de nuestro cuerpo.

¿Será que de esto se compone la existencia?, ¿que así es la felicidad, a cuenta gotas y por instantes? ¿O será que siempre está ahí, sólo que se nos revela cuando la reconocemos y somos conscientes del momento?

La fortaleza de la vida

Mientras reflexiono acerca de lo anterior, juego con mis nietos y todo parece tan simple como el vaivén del columpio, la diversión de deslizarse por la resbaladilla o el hacer, para luego deshacer, una gran montaña de arena. Ese es el tesoro de los niños. Tesoro que los adultos quizá hemos perdido. Aunque conocemos esa fortaleza de la vida, que hace que podamos gozar y también superar cualquier cosa, sabemos que simple, no es.

Es por eso que el descanso es bueno. Te hace alejarte de lo cotidiano y observar tu vida desde lejos. Esta distancia nos permite reconocer que como seres humanos nos enfrentamos con dos grandes verdades: la primera es que viviremos un tiempo limitado e indefinido, pueden ser ochenta, cien o quizá 23 años. Y la segunda es que las opciones de cómo vivirlos son ilimitadas. Finalmente, las decisiones acerca de dónde, cómo, con quién, qué y cuándo enfoques tu energía y atención, son lo que define tu historia.

Por ello, el tiempo que tenemos para descubrir los secretos que hacen que una vida valga la pena, también es limitado. Como el *rally* que de niños jugábamos para encontrar el tesoro y nos retaba a hallar las pistas, no dura para siempre. Nada dura para siempre.

Nuestro desafío es descubrir qué es lo que en realidad importa, qué es lo que nos da sentido. Con la edad, por lo general, lo comprendemos, ¡ojalá lo pongamos en práctica pronto! Cómo me hubiera gustado saber lo que ahora sé hace treinta años.

Sentirme feliz puede suceder en el día a día si soy capaz de apreciarlo; sin embargo, el sentido viene de comprender por qué estoy aquí y de buscar cumplir una misión, un propósito, una razón para estar vivo.

Este sentido está relacionado con colaborar a que el mundo sea siempre mejor de como lo encontramos. Puede ser a través del gozo, del trabajo, de educar hijos de bien, de conectarte con el Universo, trascender como persona y hacer algo por los demás. Esto es algo que cada cual responde a su manera.

La felicidad está en los momentos de la vida, como diría Borges, sabemos tan poco de ella y son tan fugaces sus presentaciones, que debemos agradecerlas, y aprovechar el sentido de conectarte con algo, con alguien, como con un bebé de once meses.

Nunca es tarde

Al día siguiente de pasar estos momentos preciados y preciosos con mis seres queridos, camino temprano por la playa y me siento diminuta ante la grandeza y la belleza del mar. El aire puro de la brisa marina es una bendición. La vida... Me doy cuenta de lo cercana que está de la muerte. No es la primera vez que las dos coinciden en un mismo día. Un bautizo y un funeral; una boda y un sepelio, en fin...

En algún libro leí que la muerte es la sombra de la vida. Reconocer su presencia nos recuerda que hoy es tiempo de vivirla, de exprimirla lo más que podamos. Hoy es el momento de abrazar, de reírnos, de amar, de dejar un legado, de jugar, de hacer aquello que nos parece importante. De perdonar, de gozar el instante. Hay urgencia porque el tiempo es limitado y las opciones son muchas. Por lo pronto, me dispongo a ir por el bebé a su cuna después de que duerma su siesta, para gozar de su risa, el sol y el agua.

"Sólo cuando le doy valor a la muerte le doy valor a la vida."
Friedrich Nietzche

9

CONÉCTATE A TRAVÉS DE LA ESPERANZA

¿ES POSITIVA LA TOLERANCIA AL FRACASO?

Al segundo intento fallido de embonar la pieza del rompecabezas, Luis, de cinco años, soltó el grito: "¡No puedo!" Aventó el pedazo de madera y se echó a llorar.

En los últimos años he visto con preocupación la poca tolerancia al fracaso que tenemos. Ignoro si en los niños se debe a lo rápido y fácil que los juegos electrónicos les recompensan; o al "efecto campechanas", como diría mi querido German Dehesa, quien contaba que en su niñez las campechanas se reservaban sólo para su papá y que ahora, el merecedor era su hijo; el caso es que a él nunca le tocaron. Su anécdota ilustra cómo hoy por alguna razón los niños se sienten merecedores naturales e inmediatos de las recompensas. Ellos son los que gobiernan la casa.

Además, otro punto a observar es que la baja tolerancia a la frustración es muy contagiosa. Basta que nosotros como adultos nos pongamos la tarea de realizar algo difícil que requiera tiempo y esfuerzo, para que rápido nos *desafanemos* y nos digamos cosas como "no vale la pena"; "debería ser más fácil"; "eres un incapaz" y demás telarañas. Con esta actitud olvidamos transmitir a nuestros hijos algo que, de hacerlo, sería un seguro para su futuro: la esperanza.

"¿Y la esperanza, si es una palabra tan pasada de moda, qué tiene que ver?", te preguntarás. Como la nueva cultura demanda que todo sea *divertido, rápido y fácil*, los conceptos como *esfuerzo*, *tenacidad*, *perseverancia* o *esperanza*, desaparecen del mapa. Pero ojo, sin esperanza, la formación de nuestros hijos —y la nuestra— está destinada al fracaso. Por eso, investigué un poco al respecto.

Hay tres tipos de esperanza

- **Desesperada:** es cuando existe una gran necesidad de algo y haces lo que sea para lograrlo.
- **Optimista:** es cuando albergas expectativas poco realistas.
- **Realista:** es cuando eres sensato sobre lo que esperas.

De estas tres, es la esperanza realista la que más nos interesa. ¿Cómo definirías tú la esperanza, querido lector? A mí me sorprendió encontrar la definición del investigador C. R. Snyder, autor de *Physchology of Hope*, para quien la esperanza no es un *sentimiento* ante una posibilidad, sino una *manera de pensar* construida con tres elementos: objetivo, camino y acción.

La esperanza realista sucede cuando:

- Tienes la habilidad de fijar una meta realista: "Sé a dónde voy."
- Eres capaz de discernir cómo llegar: "Sé cómo puedo llegar, seré tenaz y si fallo, volveré a intentar."
- Confías en ti mismo: "Sé que puedo."

Además, me gustó saber que la esperanza se aprende. Snyder afirma que aprendes la esperanza a través del otro. Y la manera en que los niños la aprenden es cuando sus papás o maestros los educan en un ambiente de límites, consistencia y apoyo. Nada eleva más la autoestima de un niño y la nuestra como llegar a una meta gracias al esfuerzo. Un diálogo interno sobre la esperanza diría algo así como: "Frente a mí tengo un gran reto, pero sé que puedo."

Por otro lado, es necesario desmitificar la creencia de que todo lo que vale la pena conquistar requiere de noches sin dormir y una buena dosis de sufrimiento.

La esperanza se desarrolla cuando entendemos que hay algunas tareas que valen la pena, aunque su realización es ardua, lenta y, quizá, nada disfrutable; y para las que necesitas ser *flexible*, *resiliente* y *perseverante*; y que de no llevarlas a cabo, te harán padecer miedos e inseguridades, y la permanente frustración de pensar: "¡No puedo!"

¡Vaya tarea que tenemos los adultos!

Conéctate con tu espiritualidad

¿Cuál es la importancia de la vida interior frente a lo inmediato? ¿Tiene algún lugar ante la necesidad de crear una buena imagen, por ejemplo, en una contienda política?, ¿o en la entrevista para conseguir un empleo? En estos casos sabemos de sobra la importancia que tiene la primera impresión: cómo te vistes, los colores que portas, tu forma de caminar, de saludar, en fin... al menos esa era mi visión. Pero, la espiritualidad ¿qué aporta?

Instalada en el tema de la imagen y su significado, durante muchos años, ni siquiera volteaba a ver este tipo de asuntos; me parecían irrelevantes para el crecimiento de mi carrera profesional —que era mi prioridad.

Ahora es diferente y la pregunta que me surge es: la búsqueda de la espiritualidad ¿es una cuestión que viene con la edad, una tendencia mundial, una moda? Así que decidí plantear esta cuestión en Twitter, a una comunidad de más de cien mil personas. La respuesta fue inmediata y me asombró la profundidad de muchas de las reflexiones.

Espiritualidad: ¿una cosa de edad, tendencia o moda?

A continuación te presento los porcentajes de las respuestas que obtuve:

- 48 por ciento opina que la espiritualidad es una tendencia mundial, producto de un despertar, de una evolución de la conciencia, resultado de la insatisfacción, el vacío y la incertidumbre colectiva.
- 25 por ciento opina, independientemente de su edad, que es un asunto de madurez personal, de crecimiento interior o circunstancias de la vida que te orillan a buscar una conexión con algo más grande que uno mismo.
- Quince por ciento piensa que es una cuestión de edad, que se produce a partir de los cuarenta años.
- Diez por ciento relaciona la espiritualidad tanto con la edad como con la madurez personal.
- Dos por ciento considera que no tiene que ver con ninguno de esos dos factores o que es resultado de una moda.

En seguida pregunté: "¿A ti, en lo personal, te interesa la búsqueda o el enriquecimiento espiritual?" La mayoría respondió que sí. Sin embargo, muchas de las personas aclararon tener interés

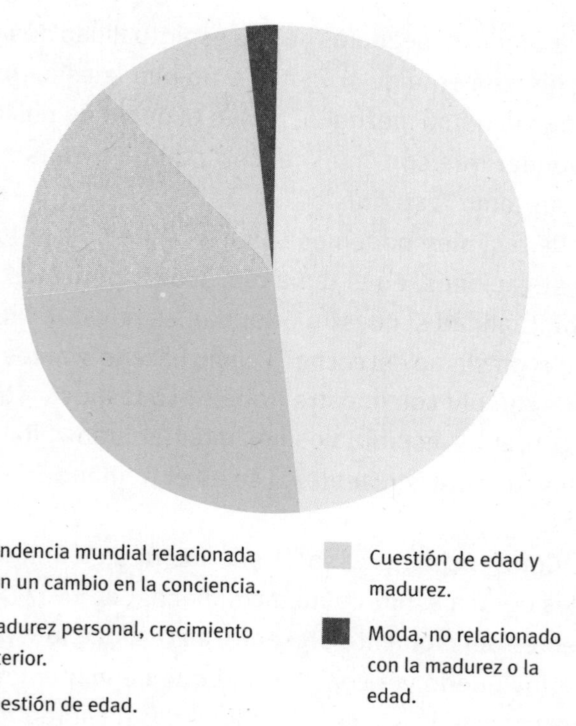

en la "espiritualidad", pero no en la "religión". Esto quizá refleje un nuevo acercamiento a la divinidad, al poder superior o a Dios, como prefieras llamarle.

¿Que relación tiene la espiritualidad con la vida diaria?

"La mayoría de las personas que veo no sufre un padecimiento físico, sino una espiritualidad sin rumbo. Han perdido su meta. Han perdido de vista la realidad de quienes son y de lo que en realidad es valioso", escribió Carl Jung, el psicólogo suizo.

Asimismo, en una investigación llamada *Religion in America*, acerca de la felicidad y la espiritualidad, realizada por la organización Gallup, encontramos que las personas que se identifican como poseedoras de una espiritualidad desarrollada, independientemente de si visitan o no una iglesia, un templo, una sinagoga o una mezquita, tienen el doble de posibilidades de responder que son "más felices", que aquellas que no se identifican como "espirituales".

Pero si bien podemos estar de acuerdo con Jung y con las investigaciones, en el día a día, ¿cómo podemos practicar una espiritualidad si nuestra prioridad es pagar la hipoteca de la casa o el préstamo del coche?, ¿cómo hacerlo si antes que nada debemos cumplir con nuestro trabajo? La respuesta que las diversas corrientes espirituales nos intentan transmitir es seguir la máxima de *estar presentes*. Ese es el tremendo desafío que tenemos.

Conciencia y presencia son los dos elementos fundamentales de una espiritualidad cotidiana. Cada vez que somos conscientes del momento presente, en realidad lo vivimos.

Hoy puedo ver con claridad que de manera misteriosa una vida conectada a la espiritualidad nos da autenticidad, mayor conciencia del momento presente, así como mayor conexión con uno mismo, con el otro o con un poder superior. Esto es lo que en realidad da carisma a las personas, elemento que equivocadamente buscamos en el exterior y en lo tangible.

Tú, querido lector, ¿qué opinas? ¿La búsqueda de una espiritualidad es un asunto de edad, de madurez o una tendencia mundial?

CONÉCTATE CON EL FLUIR DE LA VIDA

Llevábamos 45 minutos de nadar en un mar exaltado por el norte que entró esa mañana de diciembre a la costa de Cancún. Eran las siete de la mañana y el reto de cruzar en el mes de junio hacia Isla Mujeres con un grupo de amigos, hacía que ignoráramos las condiciones nada favorables que el mar ofrecía. "Lo que no hace una mamá por convivir con sus hijos", pensé. La visibilidad dentro del agua era muy baja, el viento estaba helado, y al tratar de respirar con el nado de crol, lo que lográbamos con frecuencia era tragar bocanadas de agua salada.

Los cuatro nadadores intentábamos mantener el ritmo. El reto de ese día era rodear el faro que se encuentra en Punta Cancún, para pasar al otro lado del mar. "¿Podrás mamá?", me preguntó Pablo, mi hijo. "¡Sí, claro!", contestó mi orgullo. "Vas a tener que meterle más duro durante un buen tramo, porque la corriente es fuerte y está en contra, pero una vez que pasemos el tramo difícil, estará mejor. Sólo ve pendiente de las lanchas que pasan por aquí, porque las olas están muy altas y no nos ven", me decía Pablo, quien con los otros dos amigos, ya habían cruzado anteriormente ese difícil pasaje varias veces. "No puedo quedarme atrás, no quiero echarles a perder su plan, ni tampoco me puedo quedar sola aquí", pensaba. Así que no me quedó de otra.

Di varias brazadas tan fuerte como pude. El esfuerzo era inútil. Permanecí exactamente en el mismo lugar, sin avanzar nada. ¡Qué impotencia! La grandeza y la fuerza del mar eran avasalladoras, aplastantes. Volví a intentar. Forcejear con el oleaje me hacía sentir ¡tan insignificante! Además, la energía reservada para el regreso —en mi caso— se agotaba, por lo que decidí guardar el orgullo, fluir con la corriente y esperarlos humildemente.

Mientras lo hacía, pensé que la vida es igual que la fuerza abrumadora del mar; es inútil pelearte con ella. Al inicio de cada año, las expectativas y los cuestionamientos sobre lo que éste nos depara, afloran. Seguramente la vida vendrá cargada con

todo su colorido de experiencias. Habrá sin duda muchos motivos por los que gozar y festejar. Asimismo, quizá venga uno que otro sinsabor que esté fuera de nuestras manos controlar.

Nunca olvidaré la respuesta de un amigo después de haber sufrido un serio accidente de coche que le provocó múltiples fracturas y lo obligó a estar fuera de circulación por más de seis meses, cuando le pregunté: "¿Cómo estás? ¿Cómo vas?" "Muy agradecido con la vida, Gaby. La vida es tan fuerte, que supera todo." Como una epifanía, por primera vez me percaté de la grandiosidad de "la vida" a la que él se refería. El sol, el aire, las plantas, la cotidianidad, la belleza. *Esa es* la vida: impalpable, presente, constante. Ese momento fue como ir en un avión que traspasa las nubes cerradas y oscuras para encontrar que el sol siempre está ahí.

Las tribulaciones, los sinsabores o las pequeñeces que de momento nos ahogan, a la vida no le impiden seguir su curso, su ritmo, su deber. Dichoso deber.

La vida siempre está aquí. La mejor forma de valorarla, cuidarla y disfrutarla es aceptar la inutilidad de forcejear con su oleaje y agradecer, agradecer, agradecer, todo aquello que en la ceguera damos por hecho, o sentimos merecer. Es controlar nuestra natural tendencia a hacer comparaciones. Es escoger las bendiciones en lugar de las faltas. Nada más.

Para finalizar

SÓLO CONÉCTATE Y CONFÍA

Aprieta tu mano y di: Aquí estoy

SI ESTO ES LA MUERTE, YA NO TENGO MIEDO A MORIR

Me encuentro en una especie de agujero negro en la inmensidad del espacio, en un túnel que invita a avanzar. Parte de mí se resiste a hacerlo, pero hay otra que me dice: "Confía en mí, dame la mano; vamos, yo te llevo." Decido darle la mano a "alguien" y al caminar me encuentro con la imagen de mi papá cuando yo tenía tres años. Estamos sentados en la playa de Acapulco, como lo registra una foto que tengo en mi escritorio. Lloro de tristeza al verlo, al vernos. Vuelvo a escuchar la voz que me invita a darle la mano y a continuar el viaje.

De nuevo esta lucha interna de avanzar o no. Decido confiar. Viajo por otro largo tramo de esta especie de agujero negro. Hasta que descubro y vuelo en un espacio lleno de luz, de paz, de una gran serenidad. Enseguida me doy cuenta de que con la persona que me toma de la mano, paseamos por un parque tomado de una ilustración de cuento infantil. Todo es luz.

Simultáneamente, llegan a ese parque varias personas de las cuales no veo su rostro, sólo percibo que de todas sale una luz a la altura del pecho que se funde con la luz ya existente. Pienso: "Es cierto lo que he leído en tantos libros; todos somos uno."

¡El sueño me hizo verlo tan claro! Y como si fuera un astronauta en el espacio, desde ese lugar veo los problemas cotidianos tan insignificantes... "pip, pip, pip", suena mi despertador y no quiero regresar de ese maravilloso paraíso.

Pocos sueños en mi vida han sido tan reales como éste. Al despertar, recordé el día en que mi suegro de 93 años, internado en el hospital, un día antes de morir, tuvo una muerte clínica y a través de diferentes medios modernos lo revivieron. Cuando nos alegramos de ver que cobraba conciencia, lo único que dijo fue: "Para que me regresaron... estaba ¡tan a gusto!" Ahora lo comprendo. Ojalá así de placentero sea ese lugar al que todos iremos algún día.

Ignoro qué significa mi sueño y no sé nada acerca de interpretaciones. Sin embargo, han pasado varios días y continúa aún muy vívido y presente. De alguna manera, lo que me transmitió, o así lo quiero creer, es que, en verdad, del lugar donde venimos y al que un día regresaremos es el mismo: la luz.

En palabras del poeta T. S. Eliot:

No dejaremos de explorar
Y el final de nuestra exploración
Será llegar a donde partimos
Y conoceremos el lugar por primera vez.

De ser cierto, pienso que si todos estuviéramos conscientes de ésta luz de la que todos formamos parte, como si se tratara del mismo sol, el mundo sería diferente. Nuestra vida sería una forma de practicar una espiritualidad cotidiana. Lo único indispensable sería estar presentes, conectados.

En lo personal, he podido experimentar que cuando te enamoras de verdad de una persona, no de su físico, ni de sus talentos o sus cualidades, sino de algo más allá que nada tiene que ver con si es pobre o rico, si fracasa o triunfa, sino de que lo que la persona *es*, significa que te conectaste con esa luz interior. Con ese lugar, ese centro de conciencia que está oculto bajo capas de historia, de miedos, de prejuicios o apegos; y desde allí puedes admirar al otro, así como bajar la guardia y ser sólo tú. En esa sensación de intimidad, de extraña manera, ambos vibramos con el Universo.

El reto es traer ese centro de conciencia a la vida cotidiana, para que invite a salir a escena el centro del otro.

De acuerdo con la antropóloga argentina, Patricia May, "conciencia y presencia son los dos elementos fundamentales de una espiritualidad cotidiana". Es decir, si estoy aquí, *estoy aquí*. Si estoy contigo, *estoy contigo*. Si trabajo, *trabajo*. Si disfruto, *disfruto*. Necesito vivir despierto y eso requiere recordar. Apretar tu mano y decir aquí estoy. El sólo hecho de darte cuenta de que no estás presente, es estar presente.

Es nuestra mente dispersa la que nos impide traer esa espiritualidad a la vida. Si platico contigo y, mientras hablas ya planeo qué contestarte o estoy prejuiciando cosas sobre ti, no estoy presente ni consciente. Sin embargo, como dice May, "la conciencia hace que la experiencia aparezca". Por ejemplo, sólo cuando piensas en la maravilla de tus ojos es que existen. Siempre han estado ahí, pero no existen, hasta que eres consciente de ellos en el momento presente. Si no lo tengo consciente, no he vivido este momento.

Así que no lo olvides: sólo cuando estoy consciente es que entro a un campo de serenidad, aquí y ahora. Respiro profundo y estoy aquí. Concéntrate en este momento, donde quiera que te encuentres leyendo este libro, y siente que es el mejor momento que la vida te ofrece. Aprieta tu mano y di: aquí estoy.

"La vida es perfecta cuando se tiene la posibilidad de hacer de un sueño una realidad."

Jorge Luis Borges

Espero, querido lector, que este libro te haya servido para darte cuenta de que ser feliz está en tu naturaleza. Que es algo que no requieres buscar, que está y siempre ha estado a tu alcance. Que esos momentos en los que te sientes feliz son momentos de *ser* y nada tienen que ver con *hacer*, con *conseguir*, con *buscar* o *perseguir*. Son momentos de una verdadera conexión. Entre más te conectas, más encuentras quién eres en realidad; y entre más descubres quién eres en realidad, más pleno te sientes.

> **Conectarnos como ahora, ya sabes, es muy sencillo. No se requiere dinero, ni de un espacio en particular; lo único que necesitamos es recordar que está a nuestro alcance ese vínculo con nuestro interior, con el corazón del otro y con el poder superior. El reto principal es aquietar nuestra mente llena de ruido y de pensamientos en continua circulación.**

Cuando surja algo fuera de tu control que amenace tu estabilidad, o bien te ataquen tus propios temores, debilidades o inseguridades, espero que recuerdes que basta con detenerte un momento; inhalar, exhalar y hacerte consciente del presente para conectarte en alguno de los tres planos. Te darás cuenta de que ésa es la puerta indicada, si la abres y decides entrar, estarás en ese preciso/precioso lugar donde encuentras la paz tan anhelada.

Namasté

Bibliografía

Almas, A. H., *Facets Of Unity The Eneagram Of Holy Ideas*, Shambhala, EUA, 1998, 269 pp.

Baker, Dan, *What Happy People Know,*. St. Martin's Press, EUA, 2003, 259 pp.

Beauregard, Jack, *The Power Of Balance,* Innervision Press, EUA, 2000, 227 pp.

Beck, Martha, *Steering By Starlight*, Rodale, EUA, 2008, 232 pp.

Bhagavad Gita, The, Penguin Books, trad. de Juan Mascaró, UK, 2003, 85 pp.

Blanchard, Ken, *The Generosity Factor*, Zondervan, EUA , 2002, 124 pp.

Brown, Brené, *I Thought It Was Just Me*, Gotham Books, EUA, 2008, 303 pp.

Brown, Brené. *The Gifts Of Imperfection*, Hazelden, EUA, 2010, 137 pp.

Bryson, Kelly, *Don't Be Nice Be Real*, Apc Books, Canadá, 2002, 296 pp.

Byron, Katie, *Amar lo que es*, Urano, España, 2008, 352 pp.

Cameron, Julia, *The Artist's Way*, Pan, Reino Unido, 1993, 223 pp.

Campbell, Joseph, *Pathways To* Bliss, New World, EUA, 2004, 193 pp.

Carlson, Richard, *You Can Be Happy, No Matter What,* New World Library, EUA, 1997, 155 pp.

Choquette, Sonia, *Travelling At The Speed Of Love,* Hay House, Reino Unido, 2010, 257 pp.

Ciaramicoli, Arthur P., *The Power Of Empathy*, Dutton, Reino Unido, 2000, 275 pp.
Covey, Stephen, *Everyday Greatness,* Readers Digest, EUA, 2006, 445 pp.
Dalai Lama, *How To Practice The Way To A Meaning Life*, Atria Books, EUA, 2006, 274 pp.
De Angelis, Barbara, *Real Moments. Discover The Secret For True Happiness,* A Dell Trade, EUA, 1994, 272 pp.
Demartini, John, *Count Your* Blessings, Hay House, Reino Unido, 2008, 288 pp.
Donald Walsch, Neale, *When Everything Changes,* Hodder, EUA, 2009, 256 pp.
Duncan, Shannon, *Present Moment Awareness,* Present Moment, EUA, 2001, 118 pp.
Dyer, Wayne, *Being In* Balance, Hay House, China, 2006, 181 pp.
Dyer, Wayne, *You'll See It When You Believe It,* Quill, Hay House, EUA, 2001, 301 pp.
Dyer, Wyne, *The* Shift, Hay House, EUA, 2010, 119 pp.
Fulghum, Robert, *All I Really Need To Know I Lerned In Kindergarten,* Ballantine Books, EUA, 2004, 219 pp.
Fundación para la Paz Interior, *Un Curso De Milagros*, UCDM, EUA, 1999, 100 pp.
Gangaji, *The Diamond In Your Pocket,* Sounds True, EUA, 2005, 280 pp.
Gilbert, Daniel, *Stumbling Happiness,* Vintage, EUA, 2007, 309 pp.
Gottman, John M., *The Relationship* Cure, Three Rivers, EUA, 2001, 319 pp.
Hamilton, David R., *Why Kindness Is Good For You*, Hay House, Reino Unido, 2010, 287 pp.
Holden, Robert, *Be Happy. Release The Power Of Happiness In You*, Hay House, EUA, 2009, 285 pp.
Holden, Robert, *La risa: la mejor medicina*, Oniro, España, 1999, 142 pp.
Holden, Robert, *Success Intelligence,* Hay House, EUA, 2009, 383 pp.
Holden, Robert, *Happiness Now!*, Hay House, 2007, EUA , 255 pp.

Hsieh, Tony, *Delivering Happiness*, Business Plus, EUA, 253 pp.
Jamal, Azim, *The Power Of Giving*, Jaico Publishing, EUA, 2006, 256 pp.
Jampolsky, Gerald. *El perdón*, Alamah, México, 2002, 124 pp.
Kabat-zinn, Mjon, *Arriving At Your Own Door*, Hyperion, EUA, 2007, 108 pp.
Lesser, Elizabeth, *Broken Open*, Villard, EUA, 2004, 302 pp.
Martin Descalzo, José Luis, *Razones para la* esperanza, Sígueme, España, 2001, 302 pp.
Moore, Thomas, *Care Of The Soul*, Harper Perennial, EUA, 1994, 312 pp.
Neil Kaufman, Barry, *Happiness Is A Choice*, Fawcet, EUA, 1991, 284 pp.
Niven, David, *Happy* People, Harper, San Francisco, 2000, 204 pp.
Norville, Deborah, *Thank Tou Power*, Thomas Nelson, EUA, 2007, 164 pp.
Powell, John S. J., *Happiness Is An Inside Job*, EUA, Tabor Publishing, 1989, 1148 pp.
Powell, Richard R., *Wabi Sabi Simple*, Powell, EUA, 2004, 197 pp.
Prager, Dennis. *Happiness Is A Serious Problem*, Harper Collins, EUA, 1983, 179 pp.
Reyes Heroles, Federico, *Alterados*, Taurus, México, 2010, 303 pp.
Richardson, Cheryl, *The Art Of Extreme Self-Care*, Hay House, Reino Unido, 2009, 191 pp.
Seckel, Al, *The great book of optical illusions*, Firefly, Canadá, 2002, 304 pp.
Shahar, Tal-Ben, *The Pursuit Of Perfect*, Mcgraw-Hill, EUA, 2009, 246 pp.
Shahar, Tal-Ben, *Happier*, Mcgraw-Hill, EUA, 2007, 192 pp.
Shimoff, Marci, *Happy For No* Reason, Free Press, EUA, 2008, 320 pp.
The Bhagavad Gita, Penguin Books, Traducción de Juan Mascaró, Reino Unido, 2003, 85 pp.
Tolle, Eckhart, *A New Earth*, Plume Book, EUA, 2005, 316 pp.
Tolle, Eckhart, *Practising the power of now* , Hodder Mobius, EUA, 2001, 134 pp.
Urban, Hal, *Life's Greates Lessons*, Fourth Edition, EUA, 2003, 165 pp.

Vargas Andrea, *¿Quién soy? El Eneagrama*, Alamah, México, 2008.
Vincent Peal, Norman, *The Power Of Positive* Living, Fawcet Ny, 1996, 258 pp.
Walsh, Peter, *It's All Too Much*, Free, EUA, 2007, 230 pp.
Zohar, Danah, *Spiritual Capital*, Bk, EUA, 2004, 173 pp.

Esta obra se terminó de imprimir en octubre de 2011
en los talleres de Litográfica Ingramex, S.A. de C.V.
Centeno 162-1, Col. Granjas Esmeralda,
C.P. 09810 México, D.F.

Otros títulos publicados:

El cambio está en ti
Neale Donald Walsch

Reinventa tu cuerpo, resucita tu alma
Deepak Chopra

El pequeño libro de la vida
Neale Donald Walsch

Comer, rezar, amar
Elizabeth Gilbert

El alma del liderazgo
Deepak Chopra

Pide más, espera más y obtendrás más
María Marín

Un libro para renacer cada día
Mark Nepo

Las 7 cumbres
Karla Wheelock

Al grano y sin rodeos
Steve Harvey

Infancia es destino
Guadalupe Loaeza

Gaby Vargas

CONÉCTATE

¿Cuándo fue la última vez que te sentaste en silencio, escuchaste el sonido de tu respiración y sentiste la quietud de tu alma?

CONÉCTATE nos invita a hacer una profunda exploración de nuestras metas más valiosas y ofrece un mensaje de esperanza en este mundo en el que el vértigo de información y tecnología nos rebasa.

Gaby Vargas presenta una cálida, personal y entretenida visión para conectarnos con lo que en realidad es importante. A través de historias, metáforas, anécdotas y datos duros, comparte lo que en 30 años de búsqueda de equilibrio en su vida, ha aprendido.

¿Por qué leer este libro?

- **Te ayudará a encontrar ese "regreso a casa" que te da paz, serenidad y gozo.**
- **Ofrece las claves esenciales para darle un sentido y mayor profundidad a tu vida y te enseña a aceptar la belleza de tu imperfección.**
- **Ayuda a descubrir tu autenticidad y también te dice cómo conectarte con la autenticidad del otro.**
- **Te convence de que el amor a tus seres queridos es el sentimiento más poderoso de la existencia.**
- **Revela que lo más importante para trascender en esta vida no es tener, sino ser.**
- **Acerca al lector las herramientas para crear relaciones más valiosas, para darte cuenta de que el gozo está y siempre ha estado dentro de ti.**

El anhelo más profundo del ser humano es sentirse valorado y **CONÉCTATE** es el libro con más certezas para lograrlo. Cuando te conectas no hay problema que no tenga alivio o solución.

ISBN: 978-607-11-1284-2

AGUILAR